JAPANESE-LANGUAGE PROFICIENCY TEST N4・N5 KANJI

使う順と連想マップで学ぶ
漢字&語彙
日本語能力試験 N4・N5

目指すレベル A1〜A2

飯嶋美知子《監修・著》　山田京子・田中里実・吉田雅子・藤野安紀子《著》

JLPT N4・N5 KANJI

国書刊行会

はじめに

　本書は、2012年10月に発行された『使う順と連想マップで学ぶ漢字＆語彙　日本語能力試験N1』の続編として、日本語初級学習者を対象に作成されたものです。
　本書では、日本語初級（日本語能力試験N4・N5）レベルの漢字300字と、その漢字が使用されている718の単語を紹介しています。本書は漢字教育に関する最新の研究成果を活かしつつ、漢字にあまりなじみのない学習者にも楽しく利用できるよう工夫されており、大きな特徴として、以下の七つの点が挙げられます。

1　日本語初級（日本語能力試験N4・N5）レベルの漢字と語彙が効率的に学べる。
2　漢字や語彙を身近で日常的な項目ごとにまとめて紹介している。
3　単語同士の関連性を視覚化したイラスト付きの「連想マップ」があり、記憶しやすい。
4　各単語に英語・中国語・韓国語に加え、ベトナム語の翻訳が付いている。
5　単語の意味と用法が理解しやすい例文を掲載している。
6　日本語学習者の誤用傾向を踏まえた多種多様な練習問題が付いている。
7　日本語能力試験の試験模擬問題があり、試験対策ができる。

　本書で取り上げている300字の漢字は、日本語能力試験旧4級レベルの漢字103字、旧3級レベルの漢字181字に、旧2級レベルの漢字から16字を加えたものです。追加した16字は、徳弘康代氏の『日本語学習のための　よく使う順　漢字2200』（三省堂、2014年）と、同じく徳弘氏の博士論文「日本語教育における中上級漢字語彙教育の研究」（2006年）を参考に、使用頻度と重要性の高いものを選びました。各漢字のところで紹介している語彙も、同様に選んでいます。徳弘氏の研究は、漢字や語彙についての使用頻度や重要性の調査としては最新かつ信頼性の高いもので、これらを著者の了承の下に参照、使用しています。そのため、初級レベルの日本語学習者も、無理なく効率的に漢字及び語彙を学べるようになっています。
　本書は漢字を身近で日常的な八つの項目ごとにまとめて紹介しています。各項目、または項目に複数のユニットがある場合、その冒頭には「連想マップ」が付いています。単語同士の関係がマップ上に視覚化されていて、イラストもあるため、記憶しやすくなっています。各漢字にはその漢字を含む単語と状況のわかりやすい例文が提示されており、各単語には、N1の教材にはなかったベトナム語の翻訳が新たに加わりました。
　練習問題では、漢字の読み方・書き方のほか、意味や用法について、単語から文、文から文章へと段階的に学べるようになっており、総合的な復習ができます。さらに、各項目の最後には日本語能力試験N4と同様の形式の試験模擬問題を、巻末にはN4とN5の試験模擬問題をそれぞれ用意しました。
　本書を最大限に活用され、漢字や語彙の能力が向上されますことを願っております。

2016年5月
飯嶋美知子、山田京子、田中里実、吉田雅子、藤野安紀子

目 次

はじめに

本書の使い方

1　食べ物 Food … 12
　練習問題 … 17
　試験模擬問題 … 20

2　買い物・ファッション Shopping / Fashion … 26
　Unit 1 … 26
　　練習問題 … 33
　Unit 2 … 36
　　練習問題 … 41
　試験模擬問題 … 44

3　日本の文化（テレビ・アニメ・歌） Japanese Culture (television, anime, music) … 52
　練習問題 … 57
　試験模擬問題 … 60

4　インターネット・勉強 Internet / Study … 66
　Unit 1 … 66
　　練習問題 … 72
　Unit 2 … 76
　　練習問題 … 81
　試験模擬問題 … 84

5　デート・外出 Dating / Going out … 90
　Unit 1 … 90
　　練習問題 … 96
　Unit 2 … 99
　　練習問題 … 106
　試験模擬問題 … 109

6	アルバイト　Part-time Jobs	114
	練習問題	120
	試験模擬問題	123
7	体・病気　Body / Illness	128
	練習問題	133
	試験模擬問題	136
8	生活（人・季節・時間・位置）　Life (people / season / time / location)	142
	Unit 1	142
	練習問題	148
	Unit 2	151
	練習問題	156
	Unit 3	159
	練習問題	164
	試験模擬問題	167
N5 試験模擬問題		174
N4 試験模擬問題		181

音訓索引	190
単語索引	195
漢越語対照一覧	203

本書には　別冊解答が　付いています。

本書の使い方

1 本書の内容と構成

本書では、日本語初級（日本語能力試験N4・N5）レベルの漢字300字と、その漢字が使用されている718の単語を紹介しています。漢字の内訳は、日本語能力試験旧4級レベルの漢字103字、旧3級レベルの漢字181字、旧2級レベルの漢字16字です。旧2級レベルの漢字とその漢字を含む単語は「2　本書を使った学習方法の例」の最後（p.8）に示します。

本書は、漢字を意味づけして覚えられるように、「1　食べ物」、「2　買い物・ファッション」、「3　日本の文化（テレビ・アニメ・歌）」、「4　インターネット・勉強」、「5　デート・外出」、「6　アルバイト」、「7　体・病気」、「8　生活（人・季節・時間・位置）」の八つの項目に分かれています。また、2と5は二つ、8は三つのユニットに分かれており、それぞれの項目内、またはユニット内で、20～30の漢字が紹介されています。それぞれの漢字及び単語数は以下の通りです。

各項目内の漢字数と単語数 *Kanji* number and the number of words in each item

項目番号 Item number	項目名 Item name	ユニット番号 Unit number	漢字数 Number of *kanji*	単語数 Number of words
1	食べ物	−	20	50
2	買い物・ファッション	1	30	78
		2	20	47
3	日本の文化（テレビ・アニメ・歌）	−	20	51
4	インターネット・勉強	1	25	51
		2	20	46
5	デート・外出	1	25	57
		2	30	75
6	アルバイト	−	25	59
7	体・病気	−	20	43
8	生活（人・季節・時間・位置）	1	25	63
		2	20	43
		3	20	55
合計			300	718

各項目、または項目に複数のユニットがある場合、その冒頭には、「連想マップ」が付いています。各漢字の最初に提示されている単語が、意味の関連性に応じて配置されています。

各項目、または各ユニットの最後には、練習問題が付いています。漢字の読み書き、意味や用法の確認などが主な内容です。

また、各項目の最後には、日本語能力試験N4と同様の形式の試験模擬問題が、巻末には日本語能力試験N4とN5の試験模擬問題が付いており、試験対策の学習ができます。

2 本書を使った学習方法の例

八つの項目の、どこから学習を始めてもかまいません。自分が関心のある分野や、補強したい分野から始めればよいでしょう。漢字数や単語数を見て、勉強しやすいところから始めてもいいと思います。

各人が自分のレベルに合った勉強方法で使用すればいいと思いますが、本書の使用方法の例を以下に挙げておきます。

（1）「連想マップ」で漢字と語彙のチェック

　　各項目、または項目に複数のユニットがある場合、その冒頭に、各漢字の最初に提示された単語が「連想マップ」内に示されています。単語の数は、20〜30です。まず、マップ全体を見て、各単語の読み方や意味がわかるかどうかを確認してください。単語の上に、読み方をひらがなで書いていくといいでしょう。また、関連のある単語同士が近くに並んでいるので、それらの関連性も考えてみてください。

（2）漢字の情報の確認

　　「連想マップ」でわからない単語があったら、漢字の情報を確認しましょう。一つの漢字の情報として、その漢字の使用頻度及び重要性、日本語能力試験の該当級、また、音読みと訓読み、画数と書き順、その漢字が含まれている単語が三つまでと、その読み方が示されています。単語の中には特別な読み方をするものも入っているので、振り仮名をよく見て覚えてください。

　　各単語には簡単な英語訳、中国語訳、韓国語訳、ベトナム語訳が付いていますので、意味も確認しましょう。巻末には「漢越語対照一覧」も付いています。

　　見出しの漢字の上には、☆または☆☆が付いています。☆☆のものは、使用頻度や重要性が高くなります。時間のない人は、まず☆☆の漢字から目を通していくといいでしょう。

　　見出しの漢字の右上の数字は、その漢字が日本語能力試験の何級にあたるかを示しています。日本語能力試験N5を目標とする人は5の漢字を、N4を目標とする人はすべての漢字を学んでいってください。

　　また、一つの漢字には、その漢字が含まれている単語の例文が二つまで示されています。その単語が使用される典型的で状況のわかりやすい例文を提示していますので、音読し、できれば暗記して、単語の意味や使い方を覚えるのに役立ててください。例文の英語訳が付いていますので、参考にしてください。また、本書の付録として、出版社のホームページ（http://www.kokusho.co.jp）に例文のベトナム語訳が用意されており（PDFファイル）、パソコンから無料でダウンロードできるようになっていますので、必要に応じて活用してください。

（3）練習問題で理解度の確認

　　各項目、またはユニット内の漢字や語彙をある程度確認したら、それぞれの最後にある練習問題を解いてみてください。練習問題には、各項目、またはユニット内で紹介した漢字が全て出題されています。一つでも解けないものがあったら、その漢字の情報のところに戻って復習してください。

　　もんだい3ともんだい4は読み方を問うものですが、長音・促音・撥音を含む単語や、清音と濁音を間違えやすい単語などが出題されています。もんだい7（「2　買い物・ファッション」のUnit2と「8　生活（人・季節・時間・位置）」のUnit2は「もんだい6」）は漢字の書き方で間違えやすいものが出題されているので、よく見て正しい書き方を覚えてください。もんだい8（「8　生活（人・季節・時間・位置）」のUnit2は「もんだい7」）は四つの単語の中からほかと違うものを一つ選ぶ問題ですが、画数、意味、品詞など、さまざまな観点から考えるようになっています。解答に簡単な解説が付いているので参考にしてください。

　　まず自分の実力を試してみたい人や、「連想マップ」内の単語の読み方や意味がだいたいわかった人は、最初に練習問題を解いてみて、あとから漢字の情報を見て確認する、という方法もいいと思います。

（4）試験模擬問題の活用

　　各項目の最後に、日本語能力試験N4と同様の形式の、試験模擬問題があります。試験対策用、

あるいは総まとめの復習問題として活用してください。

『日本語能力試験 公式問題集 N4』（国際交流基金・日本国際教育支援協会、2012年、凡人社）では、問題文中にN5レベルの漢字で表記されるN5レベルの単語は、他の問題の解答のヒントとなる場合を除いて、漢字で表記されています（例：「見る」、「駅」など）。本書もそれにならった表記をしていますが、その項目までに未習の漢字については、振り仮名を付けています。

また、本書の巻末には、本書で紹介しているすべての漢字と単語を出題範囲とした、日本語能力試験N4とN5の試験模擬問題が付いています。本書の総復習、あるいは、学習前に実力を試すために取り組んでみてもいいでしょう。

（5）「連想マップ」の活用例

「連想マップ」では、関連のある単語同士が近くに配置されています。まずマップ全体を見て、単語の意味や読み方を確認したら、近くにある単語同士はどのように関係があるのか考えてみましょう。マップ全体の単語をいくつかにグループ分けし、そのグループ名を考える、という活動もいいと思います。さらに、知っている単語をマップに加えたり、加えたい単語の日本語がわからない場合は自分の母語で単語を書いて、あとから日本語を調べてマップに追加してみましょう。単語を覚えるのに有効です。

一つの項目が終了したら、自由に自分で「連想マップ」を作ってみましょう。日本語の単語で作るのが難しかったら、まず自分の母語でのマップを作り、日本語をあとから調べてもいいと思います。

本書を学校で使用する場合、授業中の活動として、マップを作成したあと、他の人と自分のマップを比較してみるのもいいでしょう。その際、単語と単語の関連性を、お互いに説明したり、クラスで発表したりしてみてください。また、マップに使用した単語を使って作文をして、定着をはかる方法もあります。

さらに、本書で紹介した八つの項目のほか、自分が関心のある分野や、自分の研究分野についての「連想マップ」を作ってみるのもいいでしょう。語彙力の強化のために、ぜひ試してみてください。

本書に入れている日本語能力試験旧2級レベルの漢字とそれを含む単語
Kanji and words included in this book that are at Japanese Language Proficiency Test former grade 2 level

ページ Page	見出し漢字 Header *kanji*	単語 Words	見出し漢字の箇所以外で当該漢字を含む単語 Words that contain the *kanji* characters in question in locations other than the header *kanji*
14	米	米、米国、新米	
29	数	数字、数学、人数	
30	受	受けつけ、受ける	
32	内	以内、あん内、家内	p.53 室「室内」、p.79 校「校内」、p.103 旅「国内旅行」
32	全	全部、全ぜん、全員	p.30 安「安全」、p.100 界「全世界」
53	部	部屋、学部	p.32 全「全部」、p.39 長「部長」、p.101 西「西部」
54	消	消す、消える、消しゴム	
54	最	最近、最しょ	p.163 後「最後」
56	当	本当、（お）弁当、てき当	
68	由	自由	p.100 理「理由」
69	法	文法、法りつ	
70	取	取る、取りかえる	
70	具	道具、具合	
71	利	利用	p.70 便「便利」
80	点	百点、こうさ点、〜点	
118	両	両手、両足	p.32 方「両方」、p.130 目「両目」、p.144 親「両親」

3　漢字の情報

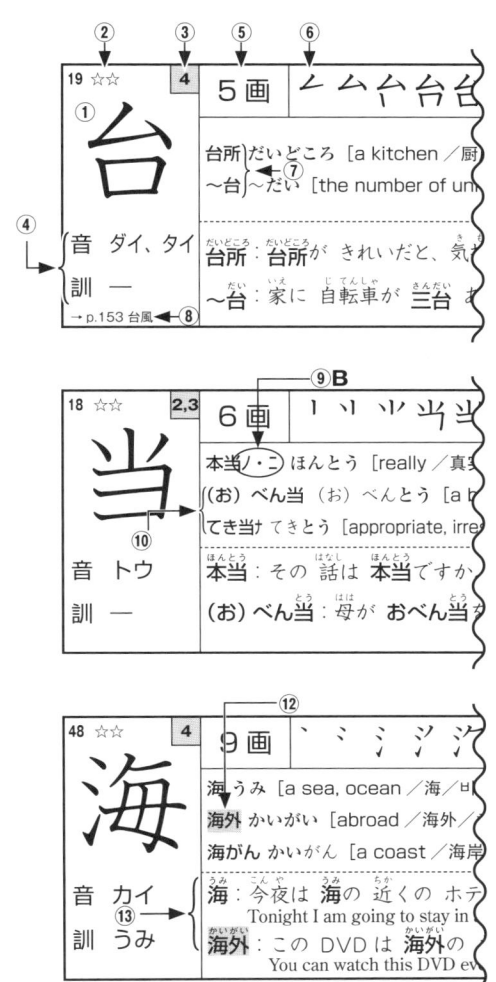
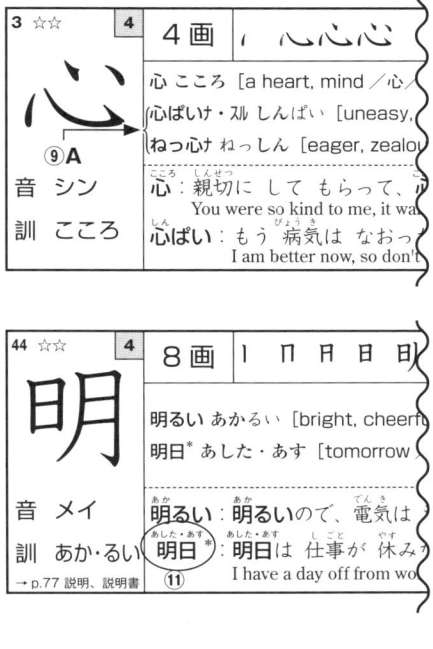

①見出し漢字

漢字が教科書体で示してあります。左上の数字はその項目内の通し番号です。

②使用頻度・重要性

☆の数で、その漢字の使用頻度と重要性を表しています。☆の数は一つまたは二つで、二つの漢字のほうが、使用頻度と重要性は高くなります。

③日本語能力試験の級

見出し漢字が日本語能力試験の何級の漢字かを示しています。現在の日本語能力試験では出題基準が公開されていないので、旧出題基準に従っています。日本語能力試験で旧4級の漢字は5（N5レベル）、旧3級の漢字は4（N4レベル）、旧2級の漢字は2,3（N2またはN3レベル）と示しています。

④読み方

見出し漢字の音読みと訓読みが書いてあります。常用漢字表にいずれかの読みがない場合や、日本語能力試験N4・N5レベルではない読み方は、本書には掲載していないため、「—」となっています。

⑤画数

見出し漢字の画数を示しています。

⑥書き順

見出し漢字の書き順を示しています。

⑦単語

見出し漢字が含まれている代表的な単語を、一つの漢字につき三つまで紹介しています。旧出題基準にない単語でも、N4・N5の漢字を含む、使用頻度の高いものは紹介しています。

⑧読み方が別の見出し漢字のところで出てくるもの

見出し漢字で紹介している読み方で、その読み方をする単語が別の見出し漢字のところで出てくるものは、「→」の後ろにページとその単語を示しています。

このほか、読み方が紹介されていても、その読み方をする単語が出ていないものが少数あり、以下の通りです。数字の読み方、訓読みの動詞などで、類似した読み方をするほかの単語が紹介されているため、省略したものです。

p.27 四「シ」、「よん」、p.54 見「み・せる」、p.130 足「た・す」、p.162 上「あ・げる」、p.163 下「さ・げる」

⑨ Ⓐ、Ⓑ B単語の使い方

単語がナ形容詞になる場合は、単語の後ろに「ナ」が半角のカタカナで、単語にスルがついて動詞になる場合は、単語の後ろに「スル」が半角のカタカナで付記されています。ナ形容詞にも動詞にもなる場合は、「ナ」と「スル」が両方付記されています。名詞にもナ形容詞にもなる場合は「ノ」と「ナ」が、名詞にも副詞にもなる場合は「ノ」と「ニ」が半角のカタカナで付記されています。

⑩単語の表記方法

本書では、原則として日本語能力試験N4・N5レベルの単語を紹介しています。単語内にN4・N5のレベルでない漢字を含む場合は、その部分をひらがな表記にしています。

⑪特別な読み方の単語、複数の読み方のある単語

特別な読み方の単語には「*」が付記されています。特別な読み方の単語は以下の通りです。また、複数の読み方がある単語は、「・」をはさんで併記しています。

特別な読み方の単語 Words with special readings

ページ Page	見出し漢字 Header kanji	単語／読み方 Words /How to Read	ページ Page	見出し漢字 Header kanji	単語／読み方 Words /How to Read
27	一	一人／ひとり、一日／ついたち	130	手	下手／へた
27	二	二人／ふたり、二日／ふつか	143	父	（お）父さん／（お）とうさん
28	十	二十日／はつか	143	母	（お）母さん／（お）かあさん
39	大	大人／おとな	143	兄	（お）兄さん／（お）にいさん
53	部	部屋／へや	143	姉	（お）姉さん／（お）ねえさん
69	字	文字／もじ	154	朝	今朝／けさ
92	土	（お）土産／（お）みやげ	155	明	明日／あした・あす
105	屋	八百屋／やおや	160	日	今日／きょう
116	計	時計／とけい、うで時計／うでどけい	161	年	今年／ことし
			162	上	上手／じょうず

⑫日本語能力試験旧2級レベルの単語

見出し漢字を含む日本語能力試験旧2級レベルの単語で、使用頻度や重要度の高いものを紹介している場合があり、以下の通りです。その単語は、網かけになっています。

p.13 田「田んぼ」、p.69 字「文字」、p.71 強「強力」、p.79 題「話題」、p.104 海「海外」

⑬例文

見出し漢字で紹介されている1番目と2番目の単語について、その単語を使用した例文が示されています。例文の英語訳も載っています。

JLPT N4・N5 KANJI

食べ物 Food	1
買い物・ファッション Shopping / Fashion	2
日本の文化（テレビ・アニメ・歌） Japanese Culture (television, anime, music)	3
インターネット・勉強 Internet / Study	4
デート・外出 Dating / Going out	5
アルバイト Part-time Jobs	6
体・病気 Body / Illness	7
生活（人・季節・時間・位置） Life (people / season / time / location)	8

1 食べ物（たべもの）

1 水（みず） water
2 お茶（ちゃ） tea
3 飲む（のむ） to drink
4 食べる（たべる） to eat
5 田んぼ（たんぼ） rice field
6 米（こめ） rice
7 作る（つくる） to make
8 ご飯（はん） cooked rice, meal
9 食べ物（たべもの） food
10 食堂（しょくどう） cafeteria
11 白菜（はくさい） Chinese cabbage
12 野菜（やさい） vegetable
13 洗う（あらう） to wash
14 味（あじ） taste
15 肉（にく） meat
16 牛肉（ぎゅうにく） beef
17 魚（さかな） fish
18 料理（りょうり） cook
19 台所（だいどころ） kitchen
20 火（ひ） fire

1 食べ物

1 ☆☆ 水 (5)
音 スイ
訓 みず

4画 亅 ⺆ 才 水

- 水 みず [water／水／물／nước]
- 水道 すいどう [waterworks, water service／自来水／수도／nước máy]
- 水曜日 すいようび [Wednesday／周三／수요일／Thứ tư]

水：コップの 水を 飲みました。 I drank the water in the cup.
水道：水道の 水を 飲んでも だいじょうぶですか。 Is it safe to drink the tap water?

2 ☆ 茶 (4)
音 サ、チャ
訓 ―

9画 一 十 艹 艾 芊 茨 茶 茶

- (お)茶 (お)ちゃ [tea／茶／차／trà]
- 茶色 ちゃいろ [brown／茶色／갈색／màu nâu]
- きっ茶店 きっさてん [a coffee shop／咖啡店／다방／quán cà phê]

(お)茶：一日に 何回も お茶を 飲みます。 I drink tea several times a day.
茶色：茶色の コートを 着ました。 I wore a brown coat.

3 ☆ 飲 (5)
音 ―
訓 の・む

12画 ノ 人 ⺈ 今 今 今 食 食 食 飲 飲 飲

- 飲む のむ [to drink／喝／마시다／uống]
- 飲み物 のみもの [a drink／饮料／음료／đồ uống]
- 飲み水 のみみず [drinking water／饮用水／음료수／nước uống]

飲む：母は コーヒーを 飲むのが 好きだ。 My mother likes to drink coffee.
飲み物：飲み物を たくさん 買いました。 I bought a lot of drinks.

4 ☆☆ 食 (5)
音 ショク
訓 た・べる

9画 ノ 人 ⺈ 今 今 今 食 食 食

- 食べる たべる [to eat／吃／먹다／ăn]
- 食事スル しょくじ [to dine／吃饭／식사하다／ăn cơm, dùng bữa]
- 外食スル がいしょく [to dine out／外出就餐／외식하다／ăn ở ngoài, ăn tiệm]

食べる：私は あまり 野菜を 食べない。 I don't eat many vegetables.
食事：食事の 時間は 大切です。 Meal time is important.

5 ☆☆ 田 (4)
音 ―
訓 た

5画 丨 冂 冊 田 田

- 田んぼ たんぼ [a rice field／田地／논／cánh đồng]
- 田中さん たなかさん [Tanaka-san (surname)／田中／다나카 씨／anh Tanaka]
- 山田さん やまださん [Yamada-san (surname)／山田／야마다 씨／anh (chị) Yamada]

：田んぼの 写真を とりました。 I took a photo of the rice field.

1 食べ物

6 ☆☆ 米 (2,3)

6画 　丶 ゛ 丷 ᅭ 半 米 米

- 米 こめ ［rice／米／쌀／gạo］
- 米国 べいこく ［the United States (of America)／美国／미국／nước Mỹ］
- 新米 しんまい ［new rice／新米／햅쌀／gạo mới, lúa non, người mới］

米：新米と 古い 米は 味が ちがう。 There is a difference in the taste of old rice versus new rice.
米国：「米国」は アメリカの ことです。 *Beikoku* means the United States.

音 ベイ、マイ
訓 こめ

7 ☆☆ 作 (4)

7画 　ノ 亻 イ 作 作 作 作

- 作る つくる ［to make／作／만들다／nấu, làm］
- 作文 さくぶん ［an essay／作文／작문／tập làm văn］

作る：かの女が ケーキを 作って くれた。 My girlfriend made a cake for me.
作文：作文を 書いて、みんなの 前で 読みました。
I wrote an essay and read it in front of everyone.

音 サク
訓 つく・る

8 ☆ 飯 (4)

12画 　ノ 𠆢 ⺈ 今 今 今 食 食 食 飣 飯 飯

- ご飯 ごはん ［cooked rice, meal／饭／밥／cơm］
- 昼ご飯 ひるごはん ［lunch／午饭／점심/오찬／cơm trưa, bữa trưa］
- 朝ご飯 あさごはん ［breakfast／早餐／아침식사/아침밥／cơm sáng, bữa sáng］

ご飯：早く ご飯を 食べなさい。 Please eat your meal quickly.
昼ご飯：どこで 昼ご飯を 食べますか。 Where do you eat lunch?

音 ハン
訓 —

9 ☆☆ 物 (4)

8画 　ノ ⺧ 十 牛 牜 牜 物 物

- 食べ物 たべもの ［food／食物／음식／đồ ăn］
- 動物えん どうぶつえん ［a zoo／动物园／동물원／thảo cầm viên, vườn thú］
- 動物 どうぶつ ［an animal／动物／동물／động vật］

食べ物：食べ物は 大事に してください。 Please treat food carefully.
動物えん：動物えんで 働きたい。 I want to work at a zoo.

音 ブツ
訓 もの

10 ☆ 堂 (4)

11画 　丨 丷 丷 ⺌ 学 学 学 学 堂 堂 堂

- 食堂 しょくどう ［a cafeteria／食堂／식당／nhà ăn, căn tin］
- 学生食堂 がくせいしょくどう
　　　　　［a school cafeteria／学生食堂／학생식당／căn tin dành cho học sinh］

食堂：ここの 食堂は 安くて おいしいです。 This cafeteria is cheap and good.
学生食堂：学生食堂には いつも 人が たくさん いる。
There are always a lot of people in the school cafeteria.

音 ドウ
訓 —

14

11 ☆ 菜 (4)

音 サイ
訓 —

11画 一 十 艹 艹 艹 芒 苎 莁 莖 菜 菜

白菜 はくさい ［a Chinese cabbage／白菜／배추／rau cải trắng, cải thảo.］

白菜：白菜を 洗います。 I will wash the Chinese cabbage.

12 ☆☆ 野 (4)

音 ヤ
訓 —

11画 丨 ㇐ 日 日 甲 甲 里 野 野 野 野

野菜 やさい ［a vegetable／蔬菜／야채／rau］

野菜：野菜を 切ります。 I will cut the vegetables.

13 ☆ 洗 (4)

音 セン
訓 あら・う

9画 丶 冫 氵 氵 汁 汁 浐 浐 洗

洗う あらう ［to wash／洗／씻다／rửa］
洗たくスル せんたく ［to wash (to do laundry)／洗衣服／세탁하다／giặt đồ, giặt giũ］
（お）手洗い （お）てあらい ［a bathroom／卫生间／화장실／nhà vệ sinh, toilet］

洗う：食事の 前に、手を 洗おう。 Let's wash our hands before meals.
洗たく：休みの 日に 洗たくを します。 I do laundry on my days off.

14 ☆ 味 (4)

音 ミ
訓 あじ

8画 丨 ㇐ ロ ロ 口一 叶 咊 味

味 あじ ［a taste／味道／맛／vị, mùi vị］
しゅ味 しゅみ ［a hobby／爱好／취미／sở thích］
きょう味 きょうみ ［interest／兴趣／흥미／có hứng thú (với)］

味：この 料理の 味は とても いい。 This dish tastes really good.
しゅ味：私の しゅ味は 音楽を 聞く ことです。 My hobby is listening to music.

15 ☆ 肉 (4)

音 ニク
訓 —

6画 丨 冂 内 内 肉 肉

肉 にく ［meat／肉／고기／thịt］
ぶた肉 ぶたにく ［pork／猪肉／돼지고기／thịt heo (lợn)］
肉屋 にくや ［the butcher's／肉店／정육점／tiệm thịt］

肉：夕飯は よく 肉を 食べる。 I often eat meat at dinner.
ぶた肉：ぶた肉は あまり 好きでは ありません。 I don't really like pork.

1 食べ物

1 食べ物

16 牛 [4画]

筆順: ノ 一 二 牛

- 牛肉 ぎゅうにく [beef／牛肉／쇠고기／thịt bò]
- 牛にゅう ぎゅうにゅう [milk／牛奶／우유／sữa bò]

音 ギュウ
訓 —

- 牛肉：牛肉の料理を作った。 I made a beef dish.
- 牛にゅう：コーヒーに牛にゅうを入れて飲みます。 I drink coffee with milk.

17 魚 [11画]

筆順: ノ ク ク 乃 甪 甪 角 魚 魚 魚 魚

- 魚 さかな [fish／鱼／물고기／cá]
- やき魚 やきざかな [roasted (broiled) fish／烤鱼／생선구이／cá nướng]

音 —
訓 さかな

- 魚：父は魚が好きで、毎ばん食べている。 My father likes fish and eats it every night.
- やき魚：やき魚はおいしいです。 Grilled fish is delicious.

18 料 [10画]

筆順: 丶 丷 ⺍ 半 米 米 米 米 料 料

- 料理スル りょうり [to cook／做饭／요리하다／nấu ăn]
- 食料品 しょくりょうひん [a foodstuff (grocery)／食品／식료품／thực phẩm]
- 〜料理 〜りょうり [〜food／〜菜／〜요리／món ăn 〜]

音 リョウ
訓 —

- 料理スル：今夜は父が料理を作ります。 Tonight my father is going to cook.
- 食料品：食料品売り場はどこですか。 Where is the food section?

19 台 [5画]

筆順: 厶 ム 仏 台 台

- 台所 だいどころ [a kitchen／厨房／부엌／nhà bếp]
- 〜台 〜だい [the number of units／〜台／〜대／〜chiếc]

音 ダイ、タイ
訓 —
→ p.153 台風

- 台所：台所がきれいだと、気持ちがいいです。 It feels nice when the kitchen is clean.
- 〜台：家に自転車が三台あります。 We have three bicycles at my house.

20 火 [4画]

筆順: 丶 丷 ナ 火

- 火 ひ [fire／火／불／lửa]
- 火曜日 かようび [Tuesday／周二／화요일／thứ ba]

音 カ
訓 ひ

- 火：たばこに火をつけた。 I lit the cigarette.
- 火曜日：来週の火曜日に国から父と母が来ます。 My parents will come to visit from my country on next Tuesday.

1 食べ物 練習問題

（解答 ⇨ 別冊 p.3）

もんだい1 ①～④の えの ことばは どれですか。【 】から えらんで、＿＿＿に かいて ください。

① ② ③ ④

_____ _____ _____ _____

【 食べる　　飲む　　料理　　野菜 】

もんだい2 ①～④の ことばは ひらがなで どう かきますか。——を かいて ください。

① 水道　　・　　　　・ ア　べいこく　the United States

② 米国　　・　　　　・ イ　しんまい　new rice

③ 新米　　・　　　　・ ウ　すいどう　waterworks

④ 作文　　・　　　　・ エ　さくぶん　an essay

もんだい3 どう よみますか。□に ひらがなを ひとつ かいて ください。

① 食料品

② 牛肉

③ 動物

④ 火曜日

もんだい4 つぎの ぶんの ＿＿＿の かんじの よみかたは まちがって います。ただしく なおして ください。

① デパートに いって、魚を かいます。
　　デパートに いって、さがなを かいます。

② だいがくを そつぎょうしたら、動物えんで はたらきたい。
　　だいがくを そつぎょうしたら、ずうぶつえんで はたらきたい。

③ いえには じどうしゃが 二台 あります。
　　いえには じどうしゃが にたい あります。

④ まいにち 牛にゅうを 飲んで います。
　　まいにち ぎょうにゅうを のんで います。

もんだい5 □に かんじを ひとつ かいて ください。

① ひる□はん□ご　　② みず□　　③ あら□う

もんだい6 「する」や 「な」と いっしょに つかえますか。（ ）に ○か ×を かいて ください。

① 洗たく　する（ ）な（ ）　　② 食事　する（ ）な（ ）
③ 田んぼ　する（ ）な（ ）　　④ 茶色　する（ ）な（ ）
⑤ しゅ味　する（ ）な（ ）

もんだい7 つぎの ぶんの ＿＿＿の かんじの かきかたは まちがって います。ただしく なおして ください。

1　ここの 食堂(しょくどう)は いつも ひとが おおいです。
2　ははに 「食べ物(たもの)は だいじに しなさい」と いわれました。
3　この みせの 料理(りょうり)の 味(あじ)は どうですか。
4　この 苔所(だいどころ)は ひろくて あたらしいです。

もんだい8 ほかと ちがう ものを えらんで ○を かいて ください。

1　(肉　魚　米　火)　　2　(洗う　飲む　お茶　作る)
3　(肉屋　お手洗い　外食　きっ茶店)

もんだい9 しつもんに こたえて ください。

```
おっとと つまの かいわ
「こんばん なにを 食べる？ 肉が いい？ 魚に する？」
「ぼくは ぶた肉が 食べたいな」「わたしは ア)やき魚が いいわ」
「じゃ、りょうほう よういしよう」
「わたし かいものに いって くるわ」
「ぼくが イ)作るよ。魚は あるから、
　かわなくても いいよ」
```

1　ア、イの ことばを ひらがなで かいて ください。

　　ア) ＿＿＿＿＿＿＿＿＿＿＿　　イ) ＿＿＿＿＿＿＿＿＿

2　こんばん なにを 食べますか。　　3　なにを かいますか。

1 食べ物 試験模擬問題

(解答 ⇨ 別冊 p.3～4)

もんだい1 ＿＿＿＿の ことばは ひらがなで どう かきますか。
1・2・3・4から いちばん いい ものを ひとつ えらんで ください。

① <u>肉屋</u>と やおやへ 行きました。
　1　にきや　　　2　はくや　　　3　ひきや　　　4　にくや

② <u>食堂</u>で ごはんを たべましょう。
　1　しゃくどう　2　しょくとう　3　しょくどう　4　しゃくとう

③ <u>白菜</u>を きって ください。
　1　しろさい　　2　はくさい　　3　はくない　　4　しろな

④ <u>茶色</u>の かばんが ほしい。
　1　じゃいろ　　2　じゃいいろ　3　ちゃいろ　　4　ちゃろい

⑤ <u>お手洗い</u>は どこですか。
　1　おてあらい　2　おつあらい　3　おしゅせんい　4　おてせんい

⑥ たばこの <u>火</u>を けしました。
　1　すい　　　　2　みず　　　　3　か　　　　　4　ひ

20

もんだい2 ＿＿＿＿の ことばは どう かきますか。1・2・3・4から いちばん いい ものを ひとつ えらんで ください。

① エミさんは <u>りょうり</u>が じょうずです。

   1 料理　　　　2 籵理　　　　3 科理　　　　4 籵里

② あさごはんは みんなで <u>たべよう</u>。

   1 倉べよう　　2 食べよう　　3 飠べよう　　4 寀べよう

③ <u>やさい</u>を れいぞうこに 入れました。

   1 預采　　　　2 訝菜　　　　3 野菜　　　　4 野奈

④ <u>しんまい</u>は おいしいです。

   1 新木　　　　2 親木　　　　3 親米　　　　4 新米

⑤ その くだものは どんな <u>あじ</u>ですか。

   1 味　　　　　2 昧　　　　　3 昧　　　　　4 味

⑥ ひろい <u>たんぼ</u>ですね。

   1 口んぼ　　　2 目んぼ　　　3 田んぼ　　　4 由んぼ

もんだい3 （　　）に なにを いれますか。1・2・3・4から いちばん いい ものを ひとつ えらんで ください。

① （　　　　）に どうぶつえんへ 行きました。

   1 すいどう　　2 すいようび　　3 まいにち　　4 らいしゅう

2 お母さんが やいた （　　　）は おいしそうです。

　1 おちゃ　　　2 べいこく　　　3 ひ　　　　　4 さかな

3 いもうとは ケーキを （　　　） います。

　1 つかって　　2 のんで　　　　3 きいて　　　　4 つくって

4 あさ おきたら、かおを （　　　）ましょう。

　1 たべ　　　　2 のみ　　　　　3 あらい　　　　4 あい

5 わたしは （　　　）が 飲めません。

　1 ぎゅうにゅう　2 ぎゅうにく　　3 りょうり　　　4 たべもの

6 駅の 前の （　　　）は きょう 休みです。

　1 あさごはん　　2 どうぶつ　　　3 きっさてん　　4 きょうみ

もんだい4 ＿＿＿＿の ぶんと だいたい おなじ いみの ぶんが あります。1・2・3・4から いちばん いい ものを ひとつ えらんで ください。

1 <u>のみものを 買いました。</u>

　1 パンや にくを 買いました。

　2 ノートや えんぴつを 買いました。

　3 コーヒーや おちゃを 買いました。

　4 じどうしゃや バスを 買いました。

2 ここは だいどころです。

1 ここは せんたくを する ところです。

2 ここは かいものを する ところです。

3 ここは りょうりを する ところです。

4 ここは べんきょうを する ところです。

3 父は にわで やさいを つくって います。

1 父は にわで やさいを そだてて います。

2 父は にわで やさいを かって います。

3 父は にわで やさいを たべて います。

4 父は にわで やさいを きって います。

4 ここは どうぶつえんです。

1 ここは どうぶつを 見る ところです。

2 ここは どうぶつを あらう ところです。

3 ここは どうぶつを たべる ところです。

4 ここは どうぶつを とる ところです。

5 きょうは がいしょくを します。

1 きょうは そとで たべものを 買います。

2 きょうは いえで しょくじを します。

3 きょうは そとに でかけて たべます。

4 きょうは そとで 買った ものを たべます。

もんだい5 つぎの ことばの つかいかたで いちばん いい ものを 1・2・3・4から ひとつ えらんで ください。

① しゅみ

1 えいごの べんきょうに しゅみが あります。

2 ゲームが しゅみです。

3 この りょうりの しゅみは きらいです。

4 母の しゅみは コーヒーに あります。

② すいどう

1 すいどうを わたりました。

2 すいどうの 水を 飲みました。

3 この すいどうは まっすぐで ひろいです。

4 お父さんは すいどうを もって 行きます。

③ しょくじ

1 びょういんで しょくじを さがしました。

2 クラスの みんなで しょくじに でかけます。

3 これから しょくじを りょうりします。

4 しょくじを 書いて おぼえましょう。

4 せんたく

1 かおを　きれいに　せんたくします。

2 けがを　した　ところを　せんたくします。

3 いえに　かえってから、せんたくします。

4 おふろで　からだを　せんたくします。

5 さくぶん

1 先生が　さくぶんの　しゅくだいを　出しました。

2 さくぶんを　はなすのは　むずかしいです。

3 きのう　さくぶんを　つくりました。

4 この　本は　だれの　さくぶんですか。

2 買(か)い物(もの)・ファッション
Unit 1

1. 一(ひと)つ — one
2. 二(ふた)つ — two
3. 三(みっ)つ — three
4. 四(よっ)つ — four
5. 五(いつ)つ — five
6. 六(むっ)つ — six
7. 七(なな)つ — seven
8. 八(やっ)つ — eight
9. 九(ここの)つ — nine
10. 十(とお・じゅう) — ten
11. 数字(すうじ) — number
12. 百円(ひゃくえん) — 100 yen
13. 千円(せんえん) — 1000 yen
14. 一万円(いちまんえん) — 10000 yen
15. 円(えん) — yen
16. 安(やす)い — cheap, low-priced
17. 高(たか)い — expensive, high-priced
18. お金(かね) — money
19. 銀行(ぎんこう) — bank
20. 受(う)けつけ — reception
21. 会社員(かいしゃいん) — office worker
22. 売(う)る — to sell
23. 買(か)う — to buy
24. 貸(か)す — to lend
25. 借(か)りる — to borrow, to rent
26. 以上(いじょう) — over..., above...
27. 以内(いない) — within...
28. 両方(りょうほう) — both
29. 全部(ぜんぶ) — all
30. 同(おな)じ — same

#	Kanji	Strokes	Readings & Examples
1 ☆☆ 5	一 音 イチ 訓 ひと ひと・つ	1画 一	一つ ひとつ [one／一个／하나／một cái] 一人* ひとり [one person／一个人／한명／một người] 一日* ついたち、いちにち [the first day of the month, a day／一日,一天／하루／일일／một ngày, ngày một] 一つ：テーブルの 上に りんごが 一つ ある。 There is one apple on the table. 一人*：私は 姉が 一人 います。 I have one older sister.
2 ☆☆ 5	二 音 ニ 訓 ふた ふた・つ →p.28 二十日	2画 一 二	二つ ふたつ [two／两个／둘／hai cái] 二日* ふつか [the second day of the month, two days／二日,两天／이틀／이일／ngày hai, hai ngày] 二人* ふたり [two people／两个人／두명／hai người] 二つ：毎朝 たまごを 二つ 食べます。 I eat two eggs every morning. 二日*：テストは 二日と 三日に あります。 The tests are on the second and third.
3 ☆☆ 5	三 音 サン 訓 み みっ・つ	3画 一 二 三	三つ みっつ [three／三个／셋／ba cái] 三日 みっか [the third day of the month, three days／三日,三天／사흘／삼일／ngày ba, ba ngày] 三人 さんにん [three people／三个人／새명／ba người] 三つ：母が りんごを 三つ くれました。 My mother gave me three apples. 三日：九月三日は 父の たん生日だ。 September third is my father's birthday.
4 ☆☆ 5	四 音 シ 訓 よ、よっ・つ よん	5画 丨 冂 冂 四 四	四つ よっつ [four／四个／넷／bốn cái] 四日 よっか [the fourth day of the month, four days／四日,四天／나흘／사일／ngày bốn, bốn ngày] 四人 よにん [four people／四个人／네명／bốn người] 四つ：たん生日に プレゼントを 四つ もらいました。 I got four presents for my birthday. 四日：二月四日に 帰国します。 I will go home on February fourth.
5 ☆☆ 5	五 音 ゴ 訓 いつ いつ・つ	4画 一 丆 五 五	五つ いつつ [five／五个／다섯／năm cái] 五日 いつか [the fifth day of the month, five days／五日,五天／닷새／오일／ngày năm, năm ngày] 五円 ごえん [five yen／五日元／오엔／năm yên] 五つ：ケーキを 五つ ください。 I want five cakes please. 五日：入学しきは 四月五日です。 The school entrance ceremony is April fifth.

6 ☆☆ 六

音: ロク
訓: むっ・つ、むい

4画　丶 亠 亣 六

- 六つ むっつ [six／六个／여섯／sáu cái]
- 六日 むいか [the sixth day of the month, six days／六日, 六天／엿새/육일／ngày sáu, sáu ngày]
- 六人 ろくにん [six people／六个人／여섯명／sáu người]

六つ：子どもに みかんを 六つ あげました。 I gave six oranges to the child.
六日：じゅ業は 四月六日から 始まる。 Classes start on April sixth.

7 ☆☆ 七

音: シチ
訓: なな、ななつ、なの

2画　一 七

- 七つ ななつ [seven／七个／일곱／bảy cái]
- 七日 なのか [the seventh day of the month, seven days／七日, 七天／이레/칠일／ngày bảy, bảy ngày]
- 七人 しちにん、ななにん [seven people／七个人／일곱명／bảy người]

七つ：この 家には 部屋が 七つ あります。 There are seven rooms in this house.
七日：七月七日に 大きな おまつりが あります。 There is a big festival on July seventh.

8 ☆☆ 八

音: ハチ
訓: や、やっ・つ、よう

→ p.105 八百屋

2画　ノ 八

- 八つ やっつ [eight／八个／여덟／tám cái]
- 八日 ようか [the eighth day of the month, eight days／八日, 八天／여드레/팔일／ngày tám, tám ngày]
- 八人 はちにん [eight people／八个人／여덟명／tám người]

八つ：にもつを 八つ 運びました。 I carried eight pieces of baggage.
八日：レンさんは 八日まで 学校を 休んだ。 Ren-san was absent from school until the eighth.

9 ☆☆ 九

音: キュウ、ク
訓: ここの、ここの・つ

2画　ノ 九

- 九つ ここのつ [nine／九个／아홉／chín cái]
- 九日 ここのか [the ninth day of the month, nine days／九日, 九天／아흐레/구일／ngày chín, chín ngày]
- 九人 きゅうにん、くにん [nine people／九个人／아홉명／chín người]

九つ：テストで 九つ 間ちがえた。 I made nine mistakes on the test.
九日：九日までに しゅく題を 出して ください。 Please turn in the homework by the ninth.

10 ☆☆ 十

音: ジュウ、ジッ
訓: とお

→ p.68 ～タ（例文）

2画　一 十

- 十 とお、じゅう [ten／十／열／mười cái]
- 十日 とおか [the tenth day of the month, ten days／十日, 十天／열흘/십일／ngày mười, mười ngày]
- 二十日* はつか、にじゅういち [the twentieth day of the month, twenty days／二十日, 二十天／이십일／ngày hai mươi, hai mươi ngày]

十：むすめの 子どもは 十に なりました。 My daughter's child is now ten.
十日：十日に 友だちが 来ます。 My friend is coming on the tenth.

11 ☆☆	2,3	13画	丶 丷 ⺌ 半 米 米 米 类 娄 娄 娄 数 数
数			

音 スウ
訓 —

数字 すうじ [a number／数字／숫자／chữ số]
数学 すうがく [mathematics／数学／수학／toán học]
人数 にんずう [the number of people／人数／인수／số người]

数字：ノートに 数字が 書いて ある。 There are numbers written in the notebook.
数学：ヤンさんに 数学を 教えて もらった。 I had Yan-san help me with the math.

12 ☆☆	5	6画	一 フ ア 百 百 百
百			

音 ヒャク
訓 —

百円 ひゃくえん [100 yen／一百日元／백엔／một trăm yên]
〜百 〜ひゃく [hundred／〜百／〜백／〜 trăm]
百万 ひゃくまん [one million／一百万／백만／triệu]

百円：百円の 飲み物を 買います。 I will buy a drink for one hundred yen.
〜百：この 部屋には 六百さつ以上の 本が あります。
There are more than six hundred books in this room.

13 ☆☆	5	3画	ノ 二 千
千			

音 セン
訓 —

千円 せんえん [1000 yen／一千日元／천엔／một ngàn yên]
〜千 〜せん [thousand／〜千／〜천／〜 ngàn]

千円：この シャツは 千円だった。 This shirt cost one thousand yen.
〜千：三千人が この 駅を 利用します。 About three thousand people use this station.

14 ☆☆	5	3画	一 フ 万
万			

音 マン
訓 —

一万円 いちまんえん [10000 yen／一万日元／만엔／mười ngàn yên]
〜万 〜まん [ten thousand／〜万／〜만／〜 mươi ngàn]
万年ひつ まんねんひつ [a fountain pen／万年笔／만년필／bút mực]

一万円：レストランで 一万円 はらいました。 I paid ten thousand yen at the restaurant.
〜万：五万人の 人が 試合を 見ました。 Fifty thousand people saw the game.

15 ☆☆	5	4画	丨 冂 冂 円
円			

音 エン
訓 —

円 えん [yen／日元／엔／yên]
〜円 〜えん [〜yen／〜日元／〜엔／〜 yên]

円：アメリカの お金を 日本の 円に かえました。 I changed American money to Japanese yen.
〜円：二千円ぐらいの プレゼントを さがして いる。
I'm looking for a present of about two thousand yen.

2 買い物・ファッション

16 ☆☆

安

音 アン
訓 やす・い

6画	丶 丷 宀 宀 安 安

安い やすい [cheap, low-priced／便宜／싸다／rẻ]
安全ノ・ナ あんぜん [safety, safe／安全／안전의／한／an toàn]
安心ノ・ナ・スル あんしん [to feel safe／放心／안심의／한／하다／yên tâm]

安い：この スーパーの 魚は 安いです。 The fish at this supermarket is cheap.
安全：地しんの ときは 安全な 場所に にげましょう。
We should evacuate to a safe place when an earthquake comes.

17 ☆☆

高

音 コウ
訓 たか・い

10画	丶 亠 亠 古 古 亨 亨 高 高 高

高い たかい [expensive, high-priced／贵,高／비싸다 (높다)／mắc]
高校 こうこう [a high school／高中／고등학교／trường phổ thông]
高校生 こうこうせい [a high school student／高中生／고등학생／học sinh phổ thông]

高い：私の 車は 高く ありません。 My car is not expensive.
高校：キムさんは 去年 高校を そつ業しました。 Kim-san graduated from high school last year.

18 ☆☆

金

音 キン
訓 かね

8画	ノ 人 스 스 今 乍 余 金

お金 おかね [money／钱／돈／tiền]
金曜日 きんようび [Friday／周五／금요일／thứ sáu]

お金：今 お金が ありません。 I don't have any money now.
金曜日：金曜日 国の 父に 手紙を 出した。 On Friday, I sent a letter to my father back home.

19 ☆

銀

音 ギン
訓 ―

14画	ノ 人 스 스 今 乍 余 金 釒 釒 釒 鈤 銀 銀

銀行 ぎんこう [a bank／银行／은행／ngân hàng]
銀色 ぎんいろ [silver／银色／은색／màu bạc]

銀行：肉屋の 左に 銀行が あります。 There is a bank to the left of the butcher's.
銀色：銀色の 大きい お金は 五百円です。 The big silver coin is five hundred yen.

20 ☆☆

受

音 ―
訓 う・ける

8画	ノ ⺈ ⺈ ⺤ ⺤ 亠 受 受

受けつけスル うけつけ [to accept, reception／接待, 问讯处／접수하다／nhận, thu]
受ける うける [to take, to accept／接受／보다 (받다)／nhận]

受けつけ：受けつけで 名前を 言って ください。 Please give your name at the reception desk.
受ける：日本語の 試験を 受けた。 I took a Japanese exam.

21 ☆☆ 4 員

10画 丶 ㇇ ㇆ 尸 吊 冐 冐 冒 員 員

会社員 かいしゃいん [a company employee／公司职员／회사원／nhân viên]
こうむ員 こうむいん [a civil servant／公务员／공무원／công chức]
銀行員 ぎんこういん [a banker／银行职员／은행원／nhân viên ngân hàng]

音 イン
訓 ―

会社員：父は 会社員です。 My father is a company employee.
こうむ員：田中さんは こうむ員だ。 Tanaka-san is a civil servant.

22 ☆☆ 4 売

7画 一 十 士 冖 声 声 売

売る うる [to sell／卖／팔다／판매하다／bán]
売り場 うりば [a counter／销售楼层／매장／quầy bán hàng]

音 ―
訓 う・る

売る：この 八百屋で めずらしい くだものを 売って います。
This vegetable stand sells unusual fruit.
売り場：かばん売り場で 大きな かばんを さがします。
I will look for a big bag in the bag department.

23 ☆ 5 買

12画 丶 ㇆ 罒 罒 罒 罒 買 買 買 買 買 買

買う かう [to buy／买／사다／구매하다／mua]
買い物スル かいもの [to go shopping／购物／쇼핑하다／mua bán, mua sắm]

音 ―
訓 か・う

買う：暑いので、つめたい 飲み物を 買いました。 I bought a cold drink because it's hot.
買い物：夕方 母は 買い物に 行く。 My mother goes shopping in the evening.

24 ☆ 4 貸

12画 ノ イ 一 代 代 代 伐 俗 俗 貸 貸

貸す かす [to lend／借给／빌려주다／cho mượn]
貸し出す かしだす [to lend out／借出／대출／cho mượn]

音 ―
訓 か・す

貸す：友だちに 本を 貸した。 I lent a book to a friend.
貸し出す：大切な 本なので、貸し出せません。 Because this is an important book,
we can't lend it out.

25 ☆ 4 借

10画 ノ イ 一 件 件 件 借 借 借 借

借りる かりる [to borrow, to rent／借／빌리다／mượn]

音 ―
訓 か・りる

借りる：姉に 三千円 借りました。 I borrowed three thousand yen from my sister.

26 以

5画　ノ レ ピ 以 以

- 以上 いじょう [over..., above.../以上/이상/hơn, trên]
- 以外 いがい [except..., but.../以外/이외/ngoài]
- 以下 いか [below, the following/以下/이하/dưới]

音　イ
訓　—

以上：この 大学は 学生が 八千人以上 いる。
There are more than eight thousand students at this university.

以外：私以外は 全員が 会社員です。 Except for me, everyone is a company employee.

27 内

4画　｜ 冂 内 内

- 以内 いない [within.../以内/이내/nội trong, trong vòng]
- あん内スル あんない [to guide/引導, 向導/안내하다/hướng dẫn]
- 家内 かない [my wife/(自己的)妻子/가내/vợ]

音　ナイ
訓　—

以内：この 映画は 二時間以内で 終わる。 This movie will be over in less than two hours.

あん内：友だちが 学校を あん内して くれました。 My friend showed me around the school.

28 方

4画　` 亠 方 方

- 両方 りょうほう [both/双方/양쪽/cả hai]
- あの方 あのかた [that person/那个人/그분/người kia, vị kia]

音　ホウ
訓　かた

両方：日本語と 英語が 両方 話せます。 I can speak both Japanese and English.

あの方：あの方が 山田先生です。 That person is our teacher, Teacher Yamada.

29 全

6画　ノ 入 ハ 仐 全 全

- 全部 ぜんぶ [all/全部/전부/toàn bộ]
- 全ぜん ぜんぜん [not at all/完全/전혀/hoàn toàn]
- 全員 ぜんいん [all members/全体人員/전원/mọi người]

音　ゼン
訓　—

全部：しゅく題が 全部 終わった。 I finished all my homework.

全ぜん：この みかんは 全ぜん あまく ありません。 This orange is not sweet at all.

30 同

6画　｜ 冂 冂 同 同 同

- 同じ おなじ [the same/相同/같다/giống]
- 同きゅう生 どうきゅうせい [a classmate/同学/동창생/bạn cùng học]

音　ドウ
訓　おな・じ

同じ：ヤンさんと ヨーさんは 同じ としだ。 Yan-san and Yo-san are the same age.

同きゅう生：田中さんと 山田さんは 同きゅう生です。
Tanaka-san and Yamada-san are classmates.

2 買い物・ファッション　Unit 1　練習問題

（解答 ⇨ 別冊 p.4）

もんだい1　①〜④の えの ことばは どれですか。【 】から えらんで、＿＿＿に かいて ください。

① ② ③ ④

_____　　_____　　_____　　_____

【　銀行　　受けつけ　　万年ひつ　　数字　】

もんだい2　①〜④の ことばは ひらがなで どう かきますか。――を かいて ください。

① 六日　　・　　　　・　ア　ようか　the eighth day of the month

② 八日　　・　　　　・　イ　よっか　the forth day of the month

③ 四日　　・　　　　・　ウ　なのか　the seventh day of the month

④ 七日　　・　　　　・　エ　むいか　the sixth day of the month

もんだい3　どう よみますか。□に ひらがなを ひとつ かいて ください。

① 百万

② 十日

③ 高校生

④ 人数

もんだい4 つぎの ぶんの ＿＿＿の かんじの よみかたは まちがって います。ただしく なおして ください。

1 銀色の ながい コートは 九千六百円です。

　ぎんいろの ながい コートは きゅうせんろくひゃくえんです。

2 五日は あさ はやく 高校へ いきます。

　ついかは あさ はやく こうこうへ いきます。

3 たまご 二つと、ケーキ 八つ、全部で いくらですか。

　たまご ふたつと、ケーキ はっつ、ぜんぶで いくらですか。

もんだい5 □に かんじを ひとつ かいて ください。

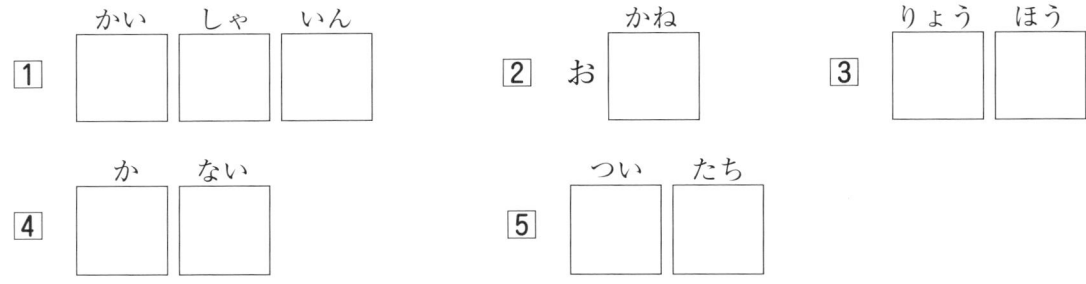

もんだい6 「する」や「な」と いっしょに つかえますか。（ ）に ○か ×を かいて ください。

1 安心 する（ ） な（ ）　　2 全ぜん する（ ） な（ ）

3 安全 する（ ） な（ ）　　4 あん内 する（ ） な（ ）

もんだい7 つぎの ぶんの ＿＿＿の かんじの かきかたは まちがって います。ただしく なおして ください。

① キムさんと 回じ 料理を 食べます。

② ここに いるのは 田中さん以外は 全買 高校生です。

③ 山田さんは 数学の ノートを 賃して くれました。

もんだい8 はんたいの ことばを かいて ください。

① 安い ⇔ (   )　② 以下 ⇔ (   )

③ 借りる ⇔ (   )　④ 買う ⇔ (   )

もんだい9 しつもんに こたえて ください。

```
               ヤムさんの メモ
  ア) 九日 金曜日
  ケーキ イ) 四つと パンと
  ウ) 三千円以下の シャツを 買う。
```

① ア～ウの ことばを ひらがなで かいて ください。

　　ア) ＿＿＿＿＿＿　　イ) ＿＿＿＿＿＿　　ウ) ＿＿＿＿＿＿

② ヤムさんは ア～エの どれを 買いますか。まるを つけて ください。

　　ア) 二百万円の シャツ　　　　　イ) 五千円の シャツ

　　ウ) 二千五百円の シャツ　　　　エ) 三千五百円の シャツ

2 買(か)い物(もの)・ファッション
Unit 2

- 31 色(いろ) color
- 32 白(しろ)い white
- 33 黒(くろ)い black
- 34 赤(あか)い red
- 35 青(あお)い blue
- 36 店(みせ) store
- 37 会場(かいじょう) venue, a meeting place
- 38 品物(しなもの) goods
- 39 開(あ)く to open
- 40 服(ふく) clothes
- 41 着(き)る to put on
- 42 大(おお)きい big, large
- 43 小(ちい)さい small, little
- 44 長(なが)い long
- 45 短(みじか)い short
- 46 切(き)る to cut
- 47 低(ひく)い low
- 48 軽(かる)い light
- 49 太(ふと)い thick
- 50 重(おも)い heavy

31 ☆	4	6画	ノ ク ク 夕 多 色
色		色 いろ [a color／颜色／색／màu, màu sắc]	
音 ―		赤色 あかいろ [red color／红色／빨간색／màu đỏ]	
訓 いろ		青色 あおいろ [blue color／蓝色／파란색／màu xanh]	

色：きれいな 色の 服ですね。 Your clothes are a beautiful color.
赤色：赤色の ペンで 名前を 書きました。 I wrote my name with a red pen.

32 ☆☆	5	5画	ノ イ 白 白 白
白		白い しろい [white／白色／희다／trắng]	
音 ハク		白黒 しろくろ [black and white／黑白／흑백／trắng đen]	
訓 しろ しろ・い		白 しろ [white color／白／흰／trắng]	

白い：山田さんは 白い ぼうしを かぶって います。 Yamada-san is wearing a white hat.
白黒：母は 白黒の 映画を 見て いる。 My mother is watching a movie in black and white.

→ p.15 白菜

33 ☆☆	4	11画	丶 ロ 曰 甲 甲 里 里 黒 黒 黒
黒		黒い くろい [black／黑色／까맣다／đen]	
音 ―		黒 くろ [black color／黑／검／đen]	
訓 くろ くろ・い			

黒い：田中さんの 犬は 黒いです。 Tanaka-san's dog is black.
黒：私の 好きな 色は 黒です。 My favorite color is black.

34 ☆☆	4	7画	一 十 土 チ 赤 赤 赤
赤		赤い あかい [red／红色／빨갛다／đỏ]	
音 ―		赤ちゃん あかちゃん [a baby／婴儿／아기／em bé, trẻ sơ sinh]	
訓 あか あか・い		赤 あか [red color／红／빨강／đỏ]	

赤い：おさけを 飲んだら、かおが 赤く なりました。
 My face became red when I drank alcohol.
赤ちゃん：ヤンさんの 赤ちゃんは 先月 生まれました。
 Yan-san's baby was born last month.

35 ☆☆	4	8画	一 十 キ 主 青 青 青 青
青		青い あおい [blue／蓝色／푸르다／xanh]	
音 ―		青 あお [blue color／蓝／청／xanh]	
訓 あお あお・い			

青い：家の 前に 青い 車が 止まって いる。 There is a blue car
 parked in front of the house.
青：しんごうが 青に なった。 The signal light turned green.

36 ☆☆ 店 [5]

8画 丶 亠 广 广 庐 庐 店 店

- 店 みせ ［a store／商店／가게／tiệm, cửa hàng］
- 店員 てんいん ［a store clerk／店员／점원／nhân viên bán hàng］

音 テン
訓 みせ

店：この 店は 野菜が 安いです。 This store has good prices on vegetables.
店員：店員に 大きい くつが あるか 聞きました。
I asked the store clerk if there were any big shoes.

37 ☆☆ 場 [4]

12画 一 十 土 扌 坦 坦 坦 坦 坦 場 場 場

- 会場 かいじょう ［a venue, a meeting place／会场／공연장／회장／hội trường］
- 場合 ばあい ［a case, situtation／情况／경우／trường hợp］

音 ジョウ
訓 ば

会場：けっこんしきの 会場は あちらです。 The place for the wedding ceremony is that way.
場合：雨の 場合、花見は 中止です。
If it rains, our cherry-blossom viewing will be canceled.

38 ☆☆ 品 [4]

9画 丶 口 口 口 吕 吕 品 品 品

- 品物 しなもの ［goods／货物／상품／đồ］
- 食品 しょくひん ［food／食品／식품／thực phẩm］

音 ヒン
訓 しな

品物：この 品物は デパートで 買った。 I bought this goods at a department store.
食品：お茶は 食品売り場に あります。 The tea is in the food section.

39 ☆☆ 開 [4]

12画 １ Ｆ Ｆ Ｆ Ｆ 門 門 門 門 問 開 開

- 開く あく ［to become open／开／펴다／mở cửa］
- 開ける あける ［to open／打开／열다／mở］
- 開く ひらく ［to become open／开／열리다／mở］

音 —
訓 ひら・く、あ・く
　 あ・ける

開く：午前十時に 店が 開きます。 The store opens at 10:00am.
開ける：暑いので、まどを 開けて ください。 It's hot, so please open the window.

40 ☆ 服 [4]

8画 ノ 刀 月 月 月 那 服 服

- 服 ふく ［clothes／服装／옷／quần áo］
- 洋服 ようふく ［clothes／西服／양복／quần áo］

音 フク
訓 —

服：黒い 服は ありますか。 Do you have any black clothes?
洋服：この 洋服は アメリカで 買った。 I bought these clothes in the United States.

41 ☆☆ 着 [4]

音 —
訓 き・る、つ・く

12画 丶 䒑 䒑 䒑 䒑 䒑 羊 羊 着 着 着

着る きる [to put on／穿／입다／mặc]
着く つく [to arrive／到／도착하다／đến]
上着 うわぎ [a coat, a jacket／上衣／겉옷,윗옷／áo khoác]

着る：あの シャツを 着て みたいです。 I want to try on that shirt.
着く：電車は 三時に 東京に 着きました。 My train arrived in Tokyo at three o'clock.

42 ☆☆ 大 [5]

音 ダイ、タイ
訓 おお、おお・きい
→ p.71 大使館
p.54 大声、p.153 大雨

3画 一 ナ 大

大きい おおきい [big, large／大／크다／to]
大人* おとな [an adult／大人／어른／người lớn]
大学 だいがく [a university／大学／대학／đại học]

大きい：大きい 建物が 図書館です。 The big building is the library.
大人*：部屋に 大人が 二人 いる。 There are two adults in the room.

43 ☆☆ 小 [5]

音 ショウ
訓 ちい・さい こ
→ p.145 小鳥

3画 亅 小 小

小さい ちいさい [small, little／小／작다／nhỏ]
小さな ちいさな [small, little／小的／작은／nhỏ]
大小 だいしょう [small and large (size)／大小／대소／lớn nhỏ]

小さい：赤ちゃんの くつは 小さいです。 The baby's shoes are small.
小さな：小さな 家ですが、高かったです。 It's a small house but it was expensive.

44 ☆☆ 長 [5]

音 チョウ
訓 なが・い

8画 丨 冂 匚 F F 長 長 長

長い ながい [long／长／길다／dài]
部長 ぶちょう [a manager／部长／부장／trưởng phòng]
長さ ながさ [length／长度／길이／độ dài]

長い：長い はしを わたりました。 We crossed over a long bridge.
部長：部長に かいぎの 時間を 知らせました。
I told the manager about the time of the meeting.

45 ☆ 短 [4]

音 —
訓 みじか・い

12画 ノ 𠂉 ⺦ 矢 矢 矢 知 知 知 短 短

短い みじかい [short／短／짧다／ngắn]

短い：木村さんは かみを 短く 切りました。 Kimura-san cut his hair short.

46 ☆	4	4画	一 七 切切
切 音 セツ 訓 き・る		切る きる [to cut／切／자르다／cắt] 切手 きって [a stamp／邮票／우표／tem] 大切な たいせつ [important／重要的／소중한／quan trọng]
		切る：鳥肉を 小さく 切った。 I cut the chicken into small pieces. 切手：はがきには いくらの 切手を はらなければ なりませんか。 　　　What kind of stamp do I have to put on the postcard?

47 ☆	4	7画	ノ イ イ 仁 仟 低 低
低 音 — 訓 ひく・い		低い ひくい [low,short／低／낮다／thấp]
		低い：弟は せが 低い。 My little brother is short.

48 ☆	4	12画	一 厂 厂 戸 斤 亘 車 軒 軒 軽 軽 軽
軽 音 — 訓 かる・い		軽い かるい [light／轻／가볍다／nhẹ]
		軽い：この かばんは 軽いです。 This bag is light.

49 ☆☆	4	4画	一 ナ 大 太
太 音 — 訓 ふと・い 　 ふと・る		太い ふとい [thick／粗／굵다／mập] 太る ふとる [to get fat／胖／살찌다／mập, tăng cân] 太さ ふとさ [thickness／粗量／굵기／độ dày]
		太い：この 木は 太いです。 This tree is thick. 太る：三キロ 太りました。 I gained three kilograms.

50 ☆☆	4	9画	一 一 千 千 千 甘 盲 重 重
重 音 — 訓 おも・い		重い おもい [heavy／重／무겁다／nặng] 重さ おもさ [weight／重量／무게／cân nặng]
		重い：じ書は 重いので、持って 来なかった。 My dictionary is heavy so I didn't bring it. 重さ：にもつの 重さを はかります。 I will weigh the luggage.

40

2 買い物・ファッション　Unit 2　練習問題

（解答 ⇨ 別冊 p.4～5）

もんだい1　①～④の えの ことばは どれですか。【　】から えらんで、_____に かいて ください。

① ② ③ ④

_____　_____　_____　_____

【　店(みせ)　洋服(ようふく)　切(き)る　赤(あか)ちゃん　】

もんだい2　①～④の ことばは ひらがなで どう かきますか。――を かいて ください。

① 店員　・　　　　・　ア　おとな　an adult

② 大人　・　　　　・　イ　てんいん　a store clerk

③ 品物　・　　　　・　ウ　ぶちょう　a manager

④ 部長　・　　　　・　エ　しなもの　goods

もんだい3　どう よみますか。□に ひらがなを ひとつ かいて ください。

① 大小

② 切手

③ 大切

④ 場合

41

もんだい4 つぎの ぶんの ＿＿＿の かんじの よみかたは まちがって います。ただしく なおして ください。

① パーティーの 会場は 大きい まどが ある レストランです。
　　パーティーの かいじょは おおきい まどが ある レストランです。

② 部長は 白黒の えいがを 見ました。
　　ぶちょうは くろしろの えいがを みました。

③ 二十日の 火曜日は 大学へ いきますか。
　　はつかの かようびは たいがくへ いきますか。

もんだい5 □に かんじを ひとつ かいて ください。

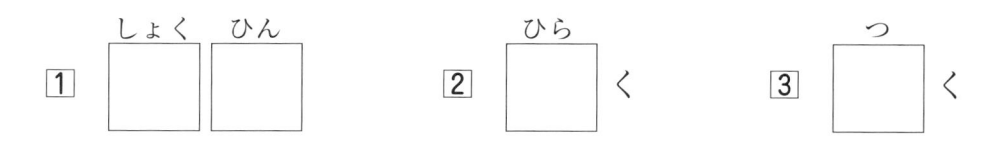

① □しょく □ひん　　② □ひら く　　③ □つ く

もんだい6 つぎの ぶんの ＿＿＿の かんじの かきかたは まちがって います。ただしく なおして ください。

① ジョンさんと 同(おな)じ 責(あお)い かばんを もって います。
② 犬(ふと)って、服(ふく)が 着(き)られなく なりました。
③ きれいな 色(いろ)の くつを 買(か)いました。

もんだい7 はんたいの ことばを かいて ください。

1 軽い ⇔ (　　　　　　) 　2 大きい ⇔ (　　　　　　　　)

3 長い ⇔ (　　　　　　) 　4 (せが)高い ⇔ (　　　　　　　　)

もんだい8 ほかと ちがう ものを えらんで ○を かいて ください。

1 (赤　白　低　黒)　　2 (短　重　切　長)

3 (部長　会場　大人　店員)

もんだい9 しつもんに こたえて ください。

> これは ともだちと とった しゃしんです。
> 大きい ぼうしを かぶって、白い シャツを ア）着て、かみが 長いのが リンさんです。ズボンを はいて、大きい かばんを もって いるのが わたしです。かみが イ）短くて、長い スカートを はいて いるのが 田中さんです。

1 ア、イの ことばを ひらがなで かいて ください。

　　ア）＿＿＿＿＿＿＿＿　　イ）＿＿＿＿＿＿＿＿

2 しゃしんの ひとに あう ことばを いれて ください。

　　田中さんは かみが＿＿＿＿＿＿ですが、リンさんは＿＿＿＿＿＿です。

2 買い物・ファッション　試験模擬問題

(解答 ⇨ 別冊 p.5)

もんだい1 ＿＿＿＿の　ことばは　ひらがなで　どう　かきますか。
1・2・3・4から　いちばん　いい　ものを　ひとつ　えらんで　ください。

1　りんごが　五つ　あります。

　　1　いっつ　　　2　いつつ　　　3　いいつ　　　4　いづつ

2　その　ケーキは　六百円です。

　　1　ろっぴゃくえん　　　　　　2　ろくぴゃくえん
　　3　ろくひゃくえん　　　　　　4　ろくぴゃぐえん

3　七日に　日本に　来ました。

　　1　ななか　　　2　なのか　　　3　しちか　　　4　ひちか

4　田中さんの　たんじょうびは　八月一日です。

　　1　ついたち　　2　いつか　　　3　いつたち　　4　ついか

5　ヨーンさんは　会社員です。

　　1　かいしゃいいん　　　　　　2　かいしやいん
　　3　かいしゃえん　　　　　　　4　かいしゃいん

6　きのう　買った　ぼうしは　八千円でした。

　　1　はつせんえん　　　　　　　2　はちぜんえん
　　3　はちせんえん　　　　　　　4　はっせんえん

7 <u>大人</u>の ふくは あちらに あります。
 1 だいじん   2 おとな   3 おどな   4 おおにん

8 この 電車は 8時に 東京駅に <u>着く</u>。
 1 きく   2 とく   3 つく   4 ちゃく

9 <u>あの方</u>は 山田先生です。
 1 あのかた   2 あのほ   3 あのまん   4 あのした

10 <u>二十日</u>に かいぎが ありました。
 1 にじうにち   2 はつか   3 はっか   4 にしゅうにち

もんだい2 ＿＿＿の ことばは どう かきますか。1・2・3・4から いちばん いい ものを ひとつ えらんで ください。

1 友だちが 本を <u>かして</u> くれました。
 1 買して   2 責して   3 賃して   4 貸して

2 いもうとは せが <u>ひくい</u>です。
 1 抵い   2 底い   3 低い   4 邸い

3 田中さんは げつようびに <u>ぎんこう</u>へ 行った。
 1 銀校   2 銀行   3 鉛校   4 鉛行

4 リンさんの かばんは 少し おもいです。
　1 重い　　　2 黒い　　　3 垂い　　　4 乗い

5 パーティーの かいじょうは あの ビルです。
　1 会揚　　　2 全揚　　　3 会場　　　4 全場

6 デパートは 午前10時に あきます。
　1 開きます　2 閉きます　3 聞きます　4 閣きます

7 ぜんいん 外へ 出て ください。
　1 金買　　　2 金員　　　3 全買　　　4 全員

8 わたしは この こうこうに かよって います。
　1 高校　　　2 商校　　　3 高俲　　　4 商俲

9 トムさんは かみを みじかく きった。
　1 吹く　　　2 短く　　　3 跌く　　　4 知く

10 おしょうがつに きものを きました。
　1 省特　　　2 盾特　　　3 看物　　　4 着物

11 キムさんの えんぴつと おなじのは ありますか。
　1 回じ　　　2 同じ　　　3 固じ　　　4 冋じ

12 <u>あかい</u> シャツを きて いるのが ソーンさんです。
   1 白い   2 青い   3 赤い   4 黒い

13 この 木(き)は とても <u>ふとい</u>です。
   1 夭い   2 太い   3 大い   4 犬い

14 あの 店の シャツは <u>やすくて</u> いいです。
   1 妄くて   2 芠くて   3 安くて   4 安くて

15 その <u>ようふく</u>は とても きれいですね。
   1 洋服   2 羊股   3 様服   4 洋股

もんだい3 （　　）に なにを いれますか。1・2・3・4から いちばん いい ものを ひとつ えらんで ください。

1 この ズボンは あの 店で（　　）います。
   1 うって   2 もって   3 とって   4 いって

2 ヤンさんが この 学校(がっこう)を（　　）して くれました。
   1 じゅぎょう   2 うんてん   3 あんない   4 べんきょう

3 山田(やまだ)さんは（　　）の 先生(せんせい)です。
   1 すうがく   2 にゅうがく   3 きょうみ   4 にんずう

4 テストで かんじを （　　　） まちがえた。
　　1　ついたち　　　2　ここのつ　　　3　はつか　　　4　ここのか

5 ゆうがた ばんごはんの （　　　） に 行きます。
　　1　しなもの　　　2　のみもの　　　3　もちもの　　　4　かいもの

6 りょこうの かばんは （　　　） ほうが いいです。
　　1　たのしい　　　2　ただしい　　　3　おおきい　　　4　みじかい

もんだい４ ＿＿＿＿＿＿の ぶんと だいたい おなじ いみの ぶんが あります。１・２・３・４から いちばん いい ものを ひとつ えらんで ください。

1 <u>あおい くつと しろい くつと りょうほう 買いました。</u>
　　1　あおい くつと しろい くつを どちらも 買いました。
　　2　あおい くつと しろい くつの どちらかを 買いました。
　　3　あおい くつと しろい くつを いくつか 買いました。
　　4　あおい くつと しろい くつを いくつも 買いました。

2 <u>この クラスでは わたしいがい みんな 学生です。</u>
　　1　この クラスでは わたしだけ 学生です。
　　2　この クラスでは わたしだけ 学生では ありません。
　　3　この クラスでは みんな 学生です。
　　4　この クラスでは みんな 学生では ありません。

③ その 本は ぜんぜん おもしろく なかったです。

1 その 本は すこし つまらなかったです。

2 その 本は もっと つまらなかったです。

3 その 本は ときどき つまらなかったです。

4 その 本は とても つまらなかったです。

④ ジミーさんと リンさんは どうきゅうせいです。

1 ジミーさんと リンさんは おなじ クラスで べんきょうして います。

2 ジミーさんと リンさんは おなじ 会社で はたらいて います。

3 ジミーさんと リンさんは おなじ しごとを して います。

4 ジミーさんと リンさんは おなじ へやに すんで います。

⑤ かばんうりばは あちらです。

1 かばんは あちらで かけることが できます。

2 かばんは あちらで かうことが できます。

3 かばんは あちらで かすことが できます。

4 かばんは あちらで かりることが できます。

もんだい5 つぎの ことばの つかいかたで いちばん いい ものを 1・2・3・4から ひとつ えらんで ください。

1 あんしん

1 お金が たくさん あれば、あんしんです。
2 これは あんしんの ひこうきです。
3 友だちに この まちを あんしんです。
4 となりの 人は とても あんしんの 人です。

2 うけつけ

1 会社に 来たら、うけつけで 名前を 言って ください。
2 7時から テレビで うけつけの ばんぐみを 見ます。
3 ホテルで まちの うけつけを 聞きました。
4 がっこうの うけつけに デパートが あります。

3 かりる

1 わたしは イーさんに じぶんの じしょを かりました。
2 お金が たりなかったので、リンさんに かりました。
3 スーパーで くだものを かりました。
4 うみで 魚を かりました。

4 きって

1 この てがみに いくらの きってを はれば、いいですか。
2 前の ほうの せきの きってが ほしいです。
3 しょくどうの きってが あります。
4 ノートに きってを おしました。

5 しなもの

1 よごれたので、しなものを せんたくしました。
2 リンさんは いつも この スーパーで しなものを します。
3 デパートで 買った しなものを おくって もらいました。
4 のどが かわいたので、しなものを 飲みました。

3 日本の文化 (テレビ・アニメ・歌)

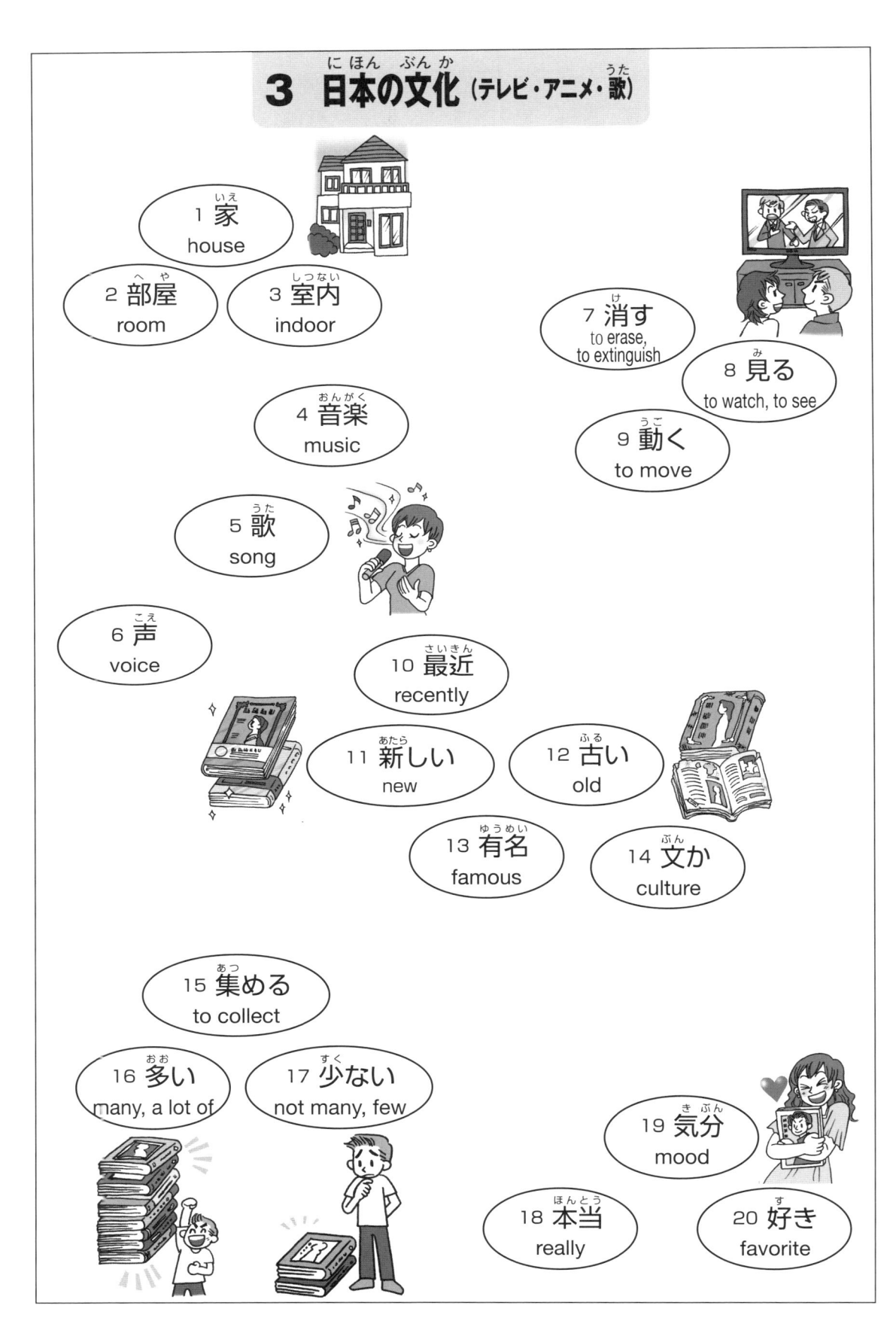

1. 家 house
2. 部屋 room
3. 室内 indoor
4. 音楽 music
5. 歌 song
6. 声 voice
7. 消す to erase, to extinguish
8. 見る to watch, to see
9. 動く to move
10. 最近 recently
11. 新しい new
12. 古い old
13. 有名 famous
14. 文か culture
15. 集める to collect
16. 多い many, a lot of
17. 少ない not many, few
18. 本当 really
19. 気分 mood
20. 好き favorite

1 ☆☆

家

音 カ
訓 いえ

10画 　丶丶宀宀宀宀家家家家

家 いえ ［a house／家／집／nhà］
家てい かてい ［a household／家庭／가정／gia đình, nhà cửa］

家：早く 家に 帰らなければ なりません。 I have to go home early.
家てい：父は 家ていを 大切に して います。 My father values his home.

2 ☆☆

部

音 ブ
訓 ―

11画 　丶丄亠㐬立产音音音˚部˚部

部屋* へや ［a room／房间／방／phòng］
学部 がくぶ ［an academic department／学院,学部／학부／khoa］

部屋*：弟は 部屋に います。 My brother is in the room.
学部：木村さんは どこの 学部ですか。 Which department is Kimura-san in?

3 ☆

室

音 シツ
訓 ―

9画 　丶丶宀宀宀宀宀宀室

室内 しつない ［indoor／室内／실내／trong nhà］
教室 きょうしつ ［a classroom／教室／교실／phòng học］
会ぎ室 かいぎしつ ［a meeting room／会议室／회의실／phòng họp］

室内：暑い 日は 室内で 運動します。 On hot days, I exercise indoor.
教室：教室に 入りましょう。 Let's go into the classroom.

4 ☆☆

音

音 オン
訓 おと

9画 　丶丄亠㐬立产音音音

音楽 おんがく ［music／音乐／음악／âm nhạc］
足音 あしおと ［a footstep／脚步声／발소리／tiếng bước chân］
音 おと ［a sound／声音／음／tiếng động］

音楽：いつも 電車で 音楽を 聞きます。 I always listen to music on the train.
足音：小さい 子どもの 元気な 足音が します。 There is the cheerful sound of small children's footsteps.

5 ☆

歌

音 ―
訓 うた、うた・う

14画 　一丅丆可可可哥哥哥哥哥歌歌歌

歌 うた ［a song／歌曲／노래／bài hát］
歌う うたう ［to sing／唱歌／노래하다／hát］

歌：日本語の 歌を 聞いた ことが ありますか。 Have you ever listened to a song in Japanese?
歌う：歌を 歌って ください。 Please sing a song.

3 日本の文化

6 ☆☆ 声 [4]

7画 一十士キ吉吉声

声 こえ [a voice／声音／목소리／âm thanh]
話し声 はなしごえ [a speaking voice／说话声／말소리／tiếng nói]
大声 おおごえ [a loud voice／大声／큰소리／lớn tiếng]

音 —
訓 こえ

声：森先生は 声が きれいだ。 Teacher Mori has a nice voice.
話し声：となりの 部屋から 話し声が 聞こえます。 I can hear a voice from the next room.

7 ☆ 消 [2,3]

10画 丶ｿ氵氵氵汀汀消消消

消す けす [to erase, to extinguish／关掉, 消掉／지우다／tẩy xoá]
消える きえる [to disappear／消失／사라지다／biến mất]
消しゴム けしごむ [an eraser／橡皮／지우개／cục tẩy, cục gôm]

音 —
訓 き・える
　　け・す

消す：電気を 消して ください。 Please turn off the light.
消える：この 消しゴムは よく 消えます。 This eraser erases well.

8 ☆☆ 見 [5]

7画 丨冂月月目見見

見る みる [to watch, to see／看／보다／xem, nhìn]
見える みえる [to appear, to see／看见／보이다／xem thấy]
見物スル けんぶつ [to look around／参观／구경하다／tham quan, xem học hỏi]

音 ケン
訓 み・る、み・える
　　み・せる

見る：毎日 テレビを 見ます。 I watch TV every day.
見える：ここから ビルが 見えます。 I can see the building from here.

9 ☆☆ 動 [4]

11画 一二千千斤斤盲盲重重動動

動く うごく [to move／动／움직이다／vận động]
運動スル うんどう [to exercise／运动／운동을 하다／vận động]
運動場 うんどうじょう [an athletic field／运动场／운동장／sân vận động]

音 ドウ
訓 うご・く

動く：この 車は 電気で 動く。 This car moves with electricity.
運動：運動は 体に いいです。 Exercise is good for your body.

10 ☆☆ 最 [2,3]

12画 丨冂日日旦旦甼昌昌昌最最

最近 さいきん [recently／最近／최근／gần đây]
最しょ さいしょ [at first／最初／처음／đầu tiên, bước đầu]

音 サイ
訓 —

最近：最近 とても いそがしいです。 I am very busy recently.
最しょ：最しょは 漢字が 読めませんでした。 I couldn't read *kanji* at first.

11 ☆☆ 新 [5]

音 シン
訓 あたら・しい

13画 　丶 亠 ㇔ 立 立 辛 辛 辛 新 新 新 新

- 新しい あたらしい [new／新／새롭다／mới]
- 新年 しんねん [the new year／新年／새해／năm mới]
- 新聞社 しんぶんしゃ [a newspaper company／报社／신문사／toà soạn báo]

新しい：**新しい** 友だちが できました。 I made a new friend.
新年：社長に **新年**の あいさつを しました。 I wished the company president a happy new year.

12 ☆☆ 古 [5]

音 コ
訓 ふる・い

5画 一 十 十 古 古

- 古い ふるい [old／旧／낡다／cũ]
- 古本 ふるほん [a used book／旧书／헌책／sách cũ]
- 名古屋市 なごやし [Nagoya City／名古屋市／나고야시／thành phố Nagoya]

古い：**古い** 写真が みつかりました。 I found an old photograph.
古本：**古本**屋で まん画を 買いました。 I bought a *manga* at the used bookstore.

13 ☆☆ 有 [4]

音 ユウ
訓 あ・る

6画 ノ ナ 才 有 有 有

- 有名ナ ゆうめい [famous／有名的／유명한／nổi tiếng]
- 有名人 ゆうめいじん [a famous person／名人／유명인／người nổi tiếng]
- 有る ある [to exist, to be／有／있다／có]

有名：日本の アニメは 世界で **有名**だ。 Japanese *anime* are famous all over the world.
有名人：**有名人**を 見た ことが ありますか。 Have you ever seen a famous person?

14 ☆☆ 文 [4]

音 ブン、モン
訓 ―
→ p.69 文字

4画 丶 亠 ナ 文

- 文か ぶんか [culture／文化／문화／văn hoá]
- 文しょう ぶんしょう [text, sentences／文章／문장／đoạn văn]
- 文学 ぶんがく [literature／文学／문학／văn học]

文か：タイの **文か**に きょう味が あります。 I am interested in Thai culture.
文しょう：日本語で **文しょう**を 書きました。 I wrote sentences in Japanese.

15 ☆☆ 集 [4]

音 ―
訓 あつ・まる
　　あつ・める

12画 ノ イ 亻 亻 广 什 件 隹 隹 隹 集 集

- 集める あつめる [to collect／收集／모으다／tập hợp, thu, sưu tập (tha động từ)]
- 集まる あつまる [to gather／聚集／모이다／tập hợp (tự động từ)]

集める：ごみを **集めて** ください。 Please collect the trash.
集まる：会ぎ室には もう 人が **集まって** います。
People are already gathered in the meeting room.

3 日本の文化

16 ☆☆ 多 [5]

音 タ
訓 おお・い

6画　ノクタタ多多

多い おおい [many, a lot of／多／많다／nhiều]
多分 たぶん [maybe／大概／아마／có lẽ]

多い：九月は 休みの 日が 多い。 There are many holidays in September.
多分：来週は 多分 試験が ないでしょう。 There will probably not be a test next week.

17 ☆☆ 少 [5]

音 ―
訓 すく・ない
　　すこ・し

4画　丿小小少

少ない すくない [not many, few／少／적다／ít]
少し すこし [a little／稍微／조금／một chút]

少ない：今日は しゅく題が 少ないです。 I don't have much homework today.
少し：れいぞうこに 野菜が 少し あります。 There are a few vegetables in the refrigerator.

18 ☆☆ 当 [2,3]

音 トウ
訓 ―

6画　丨丶丷当当当

本当ノ・ニ ほんとう [really／真実的／진짜／정말／đương nhiên]
（お）べん当 （お）べんとう [a boxed lunch／盒饭／도시락／cơm hộp, bento]
てき当 てきとう [appropriate, irresponsible／适当的, 随便, 马虎／적당히, 무책임한／đại khái, thích hợp]

本当：その 話は 本当ですか。 Is that story really true?
（お）べん当：母が おべん当を 作って くれました。 My mother made me a boxed lunch.

19 ☆☆ 気 [5]

音 キ
訓 ―

6画　丿𠂉𠂉气気気

気分 きぶん [mood／气氛／기분／cảm giác]
気持ち きもち [feeling／感受／마음／cảm giác, cảm tính]

気分：今 とても 気分が いいです。 I am feeling good now.
気持ち：車に 乗ったら、気持ちが 悪く なった。 When I got in the car, I started to feel sick.

20 ☆☆ 好 [4]

音 ―
訓 す・く

6画　く女女女゛女子好

好きナ すき [favorite／喜欢的／좋아하는／thích]
大好きナ だいすき [most favorite／特别喜欢的／아주 좋아하는／rất thích]

好き：好きな 映画は 何ですか。 What is your favorite movie?
大好き：私は 旅行が 大好きです。 I love to travel.

3 日本の文化（テレビ・アニメ・歌） 練習問題

(解答 ⇨ 別冊 p.5～6)

もんだい1 ①～④の えの ことばは どれですか。【 】から えらんで、＿＿＿に かいて ください。

① ② ③ ④

_____　_____　_____　_____

【 歌う　消す　見える　集まる 】

もんだい2 ①～④の ことばは ひらがなで どう かきますか。――を かいて ください。

① 古本　・　　　・　ア　がくぶ　an academic department

② 学部　・　　　・　イ　しつない　indoor

③ 部屋　・　　　・　ウ　ふるほん　a used book

④ 室内　・　　　・　エ　へや　a room

もんだい3 どう よみますか。□に ひらがなを ひとつ かいて ください。

① 気分

② 本当

③ 有名

④ 新聞社

もんだい4 つぎの ぶんの ＿＿＿の かんじの よみかたは まちがって います。ただしく なおして ください。

① 赤ちゃんが いるので、大声で 歌わないで ください。

　あかちゃんが いるので、おおこえで うたわないで ください。

② アメリカの 古い 音楽が 好きです。

　アメリカの ふるい おとがくが すきです。

③ この 売り場は 店員が 多い。

　この うりばは てんいんが おうい。

もんだい5 □に かんじを ひとつ かいて ください。

① き　□える　　② いえ　□

③ か　□てい　　④ すこ　□し

もんだい6 「する」や「な」と いっしょに つかえますか。（　）に ○か ×を かいて ください。

① 運動 する（　）な（　）　　② 見物 する（　）な（　）
③ 足音 する（　）な（　）　　④ 好き する（　）な（　）

もんだい7 つぎの ぶんの ＿＿＿の かんじの かきかたは まちがって います。ただしく なおして ください。

1 水曜日(すいようび)に 最近(さいきん) できた レストランへ いった。

2 名吉屋市(なごやし)に おいしい パンの 店(みせ)が たくさん あります。

3 リサさんは 双分(たぶん) 食堂(しょくどう)に いるでしょう。

もんだい8 ほかと ちがう ものを えらんで ○を かいて ください。

1 （ 家　　歌　　動　　集 ）

2 （ 新しい　古い　少ない　文か ）

3 （ 部屋　有名人　教室　運動場 ）

4 （ 見る　消す　気持ち　動く ）

もんだい9 しつもんに こたえて ください。

> 　わたしは ミンです。大学で にほんごを べんきょうして います。わたしは にほんの 文かや ア)文学に きょうみが あります。わたしは にほんの イ)新しい しょうせつを よむのが 大好きです。有名な しょうせつは 文しょうが とても きれいです。

1 ア、イの ことばを ひらがなで かいて ください。

　　ア) ＿＿＿＿＿＿＿＿＿　　イ) ＿＿＿＿＿＿＿＿＿

2 ミンさんは どこで にほんごを べんきょうして いますか。

3 有名な しょうせつは なにが きれいですか。

3 日本の文化（テレビ・アニメ・歌） 試験模擬問題

（解答 ⇨ 別冊 p.6）

もんだい1 ＿＿＿＿＿の ことばは ひらがなで どう かきますか。
1・2・3・4から いちばん いい ものを ひとつ えらんで ください。

① あにが 大声で わたしを よびました。
　1 おうこえ　　2 おうごえ　　3 おおこえ　　4 おおごえ

② 先生が 教室に 入って 来ました。
　1 きょうしつ　　2 きょしつ　　3 きょうし　　4 きょし

③ この アニメの うたは 有名だ。
　1 ゆめい　　2 ゆうめい　　3 ようめい　　4 ゆうめ

④ わたしは ロシアの 文学を けんきゅうしたいです。
　1 ぶか　　2 ぶんがく　　3 ぶんか　　4 ぶがく

⑤ 父は 新聞社で はたらいて います。
　1 しんぶしゃ　　2 しぶんしゃ　　3 しんぶんしゃ　　4 しぶしゃ

⑥ この 店では 古本を うって います。
　1 ふるほん　　2 ふるほ　　3 こはん　　4 こほ

⑦ わたしたちの 大学は 五つの 学部が あります。
　1 がっへ　　2 がくへ　　3 がっぶ　　4 がくぶ

60

⑧ 母は 毎日 運動して いる。

1 うんどう　　2 うんとう　　3 ううどん　　4 うんどん

⑨ 明日は 多分 雨でしょう。

1 おうぶん　　2 おおぶん　　3 たふん　　4 たぶん

もんだい2　_____の ことばは どう かきますか。1・2・3・4から いちばん いい ものを ひとつ えらんで ください。

① あしおとが きこえて きました。

1 足歌　　2 足音　　3 足声　　4 足楽

② こちらを みて ください。

1 貝て　　2 見て　　3 目て　　4 首て

③ わたしの いえの ちかくは レストランが すくない。

1 小ない　　2 沙ない　　3 忄ない　　4 少ない

④ まちがえた もじは きれいに けして ください。

1 泪して　　2 梢して　　3 消して　　4 泪して

⑤ 大きな いえに すみたいです。

1 家　　2 豚　　3 象　　4 冢

6 わたしは きってを あつめるのが しゅみです。
　1 隼める　　　2 隹める　　　3 焦める　　　4 集める

7 つかれて、からだが うごかない。
　1 重かない　　2 働かない　　3 動かない　　4 動かない

8 おとうとは じてんしゃに のるのが だいすきです。
　1 大安き　　　2 太好き　　　3 太安き　　　4 大好き

9 ほんとうの ことを 言って ください。
　1 本当　　　　2 本当　　　　3 本肖　　　　4 本当

もんだい3 （　　）に なにを いれますか。1・2・3・4から いちばん いい ものを ひとつ えらんで ください。

1 わたしの いえの まどから ふじさんが （　　）。
　1 うたいます　2 みます　　　3 きこえます　4 みえます

2 （　　）ふくを すてた。
　1 ふるい　　　2 はやい　　　3 ふとい　　　4 たのしい

3 ここは 友だちが すんで いる （　　）です。
　1 かいしゃ　　2 へや　　　　3 じむしょ　　4 かてい

4 駅の 前に （　　　） ください。

　1　きって　　　　2　きえて　　　　3　てつだって　　4　あつまって

5 （　　　） しずかに して ください。

　1　ちいさく　　　2　べつに　　　　3　おおく　　　　4　すこし

6 マリアさんは ピアノを ひきながら、（　　　） います。

　1　うたって　　　2　けして　　　　3　あつめて　　　4　きえて

7 いっしょに （　　　） を 聞きませんか。

　1　しんぶん　　　2　おんがく　　　3　しょうせつ　　4　ぶんか

8 じぶんで （　　　） を つくりました。

　1　ぶんぽう　　　2　ぶちょう　　　3　べんとう　　　4　べんきょう

9 テーブルの 上に かびんが （　　　）。

　1　いる　　　　　2　ある　　　　　3　みる　　　　　4　よる

10 （　　　） テレビを 買いました。

　1　あたらしい　　2　みじかい　　　3　すくない　　　4　おおい

もんだい4 ＿＿＿＿＿の ぶんと だいたい おなじ いみの ぶんが あります。1・2・3・4から いちばん いい ものを ひとつ えらんで ください。

1 はいしゃで さいしょに 名前を よばれた。

　1　はいしゃで いちばん はやく 名前を よばれた。

　2　はいしゃで はじめて 名前を よばれた。

　3　はいしゃで 一人だけ 名前を よばれた。

　4　はいしゃで いしゃに 名前を よばれた。

2 あそびに 行く きぶんでは ありません。

　1　あそびに 来ないで ください。

　2　あそびに 行かなくても いいです。

　3　あそびに 行きたく ありません。

　4　あそびに 来ても いいです。

3 しつないで スポーツを しました。

　1　みんなで スポーツを しました。

　2　たてものの 中で スポーツを しました。

　3　たてものの 外で スポーツを しました。

　4　いそいで スポーツを しました。

もんだい5 つぎの ことばの つかいかたで いちばん いい ものを 1・2・3・4から ひとつ えらんで ください。

1 きもち

1 けさ きもちを 食べた。
2 日本の きもちは どうですか。
3 今日は きもちが つまらない。
4 あいさつを すると、きもちが いい。

2 けんぶつ

1 本を けんぶつします。
2 バンコクの まちを けんぶつします。
3 そろそろ パソコンを けんぶつします。
4 先週 とった しゃしんを けんぶつします。

3 すき

1 お金が たくさん すきです。
2 どんな ことを しても、あなたの すきです。
3 わたしは 今 いちばん 時間が すきです。
4 わたしは お茶が すきです。

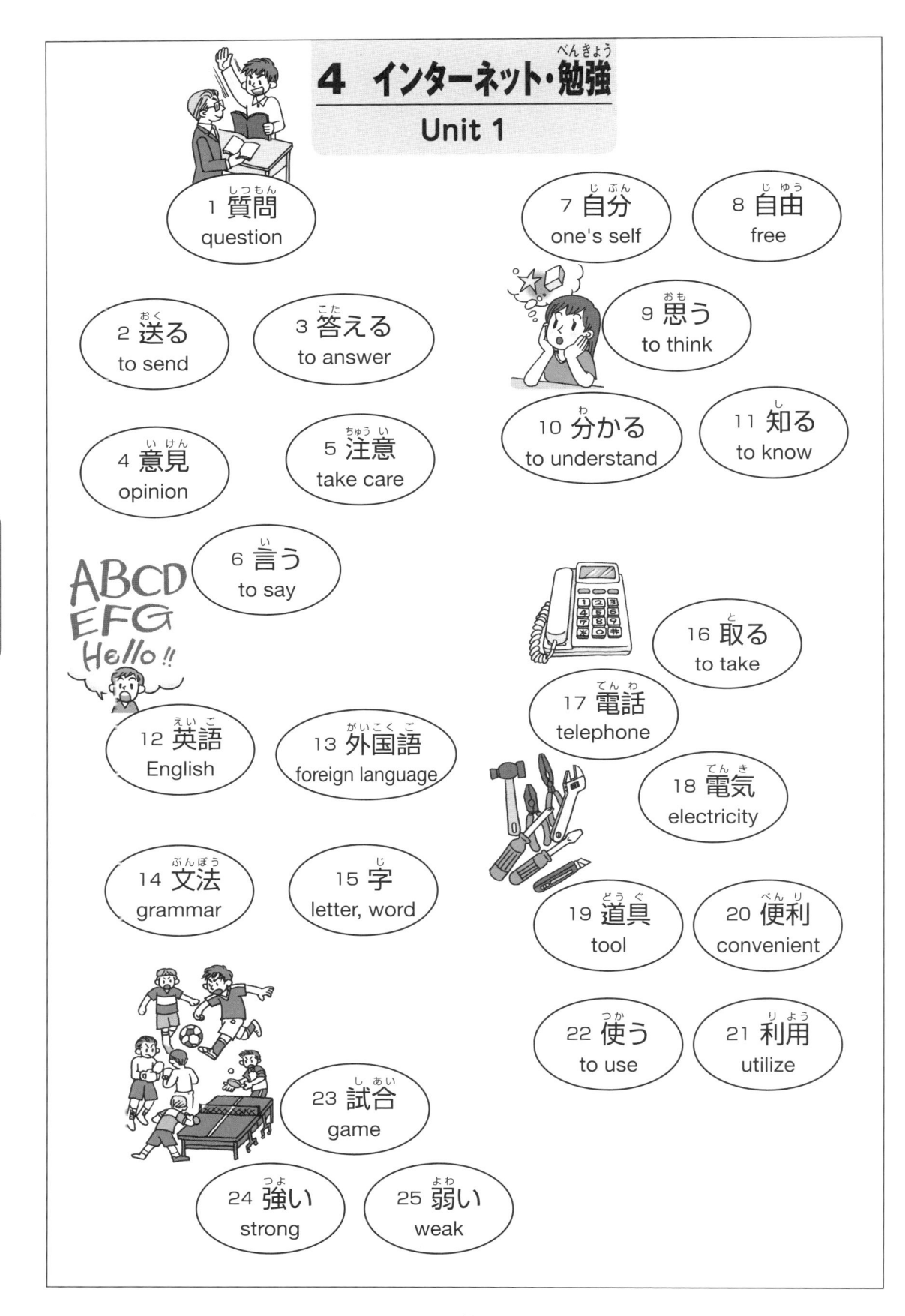

4 インターネット・勉強
Unit 1

1 質問（しつもん） question
2 送る（おくる） to send
3 答える（こたえる） to answer
4 意見（いけん） opinion
5 注意（ちゅうい） take care
6 言う（いう） to say
7 自分（じぶん） one's self
8 自由（じゆう） free
9 思う（おもう） to think
10 分かる（わかる） to understand
11 知る（しる） to know
12 英語（えいご） English
13 外国語（がいこくご） foreign language
14 文法（ぶんぽう） grammar
15 字（じ） letter, word
16 取る（とる） to take
17 電話（でんわ） telephone
18 電気（でんき） electricity
19 道具（どうぐ） tool
20 便利（べんり） convenient
21 利用（りよう） utilize
22 使う（つかう） to use
23 試合（しあい） game
24 強い（つよい） strong
25 弱い（よわい） weak

1 ☆ 質 (4)

15画 `ノ 厂 厂 厂 厂' 厂′′ 所 所 所 所 所 質 質 質`

質問スル しつもん [to ask a question／問題／질문하다／hỏi, chất vấn]

質問：何か 質問は ありますか。 Are there any questions?

音 シツ
訓 ―

2 ☆ 送 (4)

9画 `、 ソ ソ 凶 关 关 送 送 送`

送る おくる [to send／赠送／보내다／gửi]
ほう送スル ほうそう [to broadcast／播放／방송하다／phát thanh, chiếu]

送る：友だちに メールを 送る。 I will send an email to a friend.
ほう送：この ばんぐみは 何時から ほう送しますか。 What time is this program start?

音 ソウ
訓 おく・る

3 ☆ 答 (4)

12画 `ノ 亇 亇 ゲ 竹 竹 笁 笒 笒 答 答 答`

答える こたえる [to answer／回答／대답하다／trả lời]
答え こたえ [answer／答案／답／câu trả lời]

答える：よく 考えて から、答えて ください。 Please think carefully and answer.
答え：この 問題の 答えは 何ですか。 What is the answer to this problem?

音 ―
訓 こた・える
　 こた・え

4 ☆☆ 意 (4)

13画 `、 亠 亠 立 产 产 咅 咅 音 音 意 意 意`

意見 いけん [opinion／意见／의견／ý kiến]
意味 いみ [meaning／意思／의미／ý nghĩa]

意見：意見が ある 人は いますか。 Does anyone have an opinion?
意味：この 文しょうの 意味は よく わからない。 I don't really understand the meaning of this sentence.

音 イ
訓 ―

5 ☆ 注 (4)

8画 `、 冫 氵 汁 汁 汁 注 注`

注意スル ちゅうい [to take care／注意／주의하다／chú ý]
注しゃスル ちゅうしゃ [to inject／注射／주사하다／tiêm, chích]

注意：先生の 話を 注意して 聞く。 I listen carefully to what the teacher says.
注しゃ：病院へ 行ったら、注しゃを された。 When I went to the hospital, they gave me a shot.

音 チュウ
訓 ―

6 ☆☆ 言 [5]

音 ―
訓 いう、こと

7画 　丶 一 亠 亖 言 言 言

- 言う いう [to say／说／말하다／nói]
- 言ば ことば [word／词／말／từ ngữ]

言う：もっと 大きな 声で 言って ください。 Please say it in a louder voice.
言ば：新聞の 言ばは むずかしい。 The vocabulary in the newspaper is difficult.

7 ☆☆ 自 [4]

音 ジ
訓 ―

6画 　丿 亻 自 自 自 自

- 自分 じぶん [one's self／自己／자신／tự mình, tự thân]
- 自転車 じてんしゃ [bicycle／自行车／자전거／xe đạp]

自分：私は 自分で ご飯を 作ります。 I usually make my own food.
自転車：自転車で 学校へ 行きます。 I go to school by bicycle.

8 ☆ 由 [2,3]

音 ユウ
訓 ―

5画 　丨 冂 巾 由 由

- 自由ノ・ナ じゆう [free／自由的／자유한／자유로운／tự do]

自由：自由な 時間が ほしいです。 I need free time.

9 ☆☆ 思 [4]

音 ―
訓 おも・う

9画 　丨 冂 冂 用 田 甲 思 思 思

- 思う おもう [to think／想／생각하다／nghĩ]
- 思い出す おもいだす [to remember／想起／생각나다／nhớ, hồi tưởng]

思う：来年 帰国しようと 思います。 I'm thinking of returning to my country next year.
思い出す：さっき 会った 人の 名前が 思い出せない。
　　　　　I can't remember the name of the person I met earlier.

10 ☆☆ 分 [4]

音 ブン、フン
訓 わ・かる

4画 　ノ 八 分 分

- 分かる わかる [to understand／明白／깨닫다／알다／hiểu]
- 〜分 〜ふん [number of minutes／〜分／〜분／〜 phút]
- 十分ナ じゅうぶん [sufficient, enough／足够的／충분한／đủ, đầy đủ]

分かる：私は 日本語が よく 分かりません。 I don't really understand Japanese.
〜分：山田さんは 五分か 十分 おくれるそうです。 Yamada-san will be 5 to 10 minutes late.

11 ☆☆ 知 [4]

音 —
訓 し・る

8画 ノ ㇉ ㇒ 矢 矢 知 知 知

知る しる [to know／知道／알다／biết]
知らせる しらせる [to inform／通知／알리다／thông báo]

知る：田中さんの 電話ばんごうを 知って いますか。
Do you know Tanaka-san's telephone number?
知らせる：マイクさんに 明日の テストの 時間を 知らせて ください。
Please tell Mike-san the time of the test tomorrow.

12 ☆☆ 英 [4]

音 エイ
訓 —

8画 一 十 艹 艹 䒑 莁 英 英

英語 えいご [English／英语／영어／tiếng Anh]

英語：姉は 英語を 上手に 話せます。 My sister can speak English well.

13 ☆☆ 語 [5]

音 ゴ
訓 —

14画 、 ㇉ ㇋ 言 言 言 言 訂 誩 語 語 語 語

外国語 がいこくご [a foreign language／外语／외국어／ngoại ngữ]
日本語 にほんご [Japanese／日语／일본어／tiếng Nhật]
〜語 〜ご [〜language／〜语／〜어／tiếng 〜]

外国語：あの 先生は 外国語を 五つ以上 話せるそうです。
I heard that the teacher can speak more than five foreign languages.
日本語：まだ 日本語が 上手では ありません。 I'm not very good at Japanese yet.

14 ☆ 法 [2,3]

音 ホウ
訓 —

8画 、 ㇀ ㇒ 氵 汁 汁 法 法

文法 ぶんぽう [grammar／语法／문법／ngữ pháp]
法りつ ほうりつ [law／法律／법률／pháp luật]

文法：英語と 中国語の 文法は 少し にて います。
English and Chinese grammar are a little alike.
法りつ：ヤンさんは 法りつの 先生です。 Yan-san is a law professor.

15 ☆☆ 字 [4]

音 ジ
訓 —

6画 、 丷 宀 宁 字 字

字 じ [a letter, word／字／글／tự]
文字* もじ [a letter, a character／文字／문자／từ vựng, chữ cái]

字：あなたの 字は きれいですね。 Your letters are very neat.
文字*：外国語を 勉強する とき、まず 文字から おぼえましょう。
When you study a foreign language, you should start by learning the letters.

16 ☆☆ **取** 音 ― 訓 と・る	2,3 8画 ｀ 丆 厂 F F 耳 取 取	
	取る とる [to take／取／받다／thu, nhặt, lấy] 取りかえる とりかえる [to replace／更換／바꾸다／교환하다／thay thế]	
	取る：すみません、しょうゆを 取って くれませんか。 Excuse me, would you get the soy sauce for me please? 取りかえる：買った 服が 小さかったので、店で 取りかえて もらった。 The clothes I bought were too small, so I had the store exchange them.	
17 ☆☆ **話** 音 ワ 訓 はな・す 　 はなし	5 13画 ` ` ` 亠 亍 言 言 言 訂 計 許 話 話	
	電話スル でんわ [to call (telephone)／打电话／전화하다／gọi điện thoại] 話す はなす [to speak／说／말한다／nói chuyện] 話 はなし [story／话／말／câu chuyện]	
	電話：友だちの 家に 行く 前に、電話を かけます。 Before I go to my friend's house, I will call. 話す：図書館では 大きな 声で 話しては いけません。 You cannot use a loud voice in the library.	
18 ☆☆ **電** 音 デン 訓 ―	5 13画 ｀ 一 戶 币 币 雨 雨 雨 雷 雷 雷 雷 電	
	電気 でんき [electricity／电气, 灯／전기／điện, đèn điện] 電車 でんしゃ [a train／电车／전차／xe điện] けいたい電話 けいたいでんわ [a cellular phone／手机／휴대폰／điện thoại di động]	
	電気：電気の ない せいかつは 考えられない。 I can't imagine life without a electricity. 電車：朝の 電車は とても こんで いる。 The morning trains are very crowded.	
19 ☆ **具** 音 グ 訓 ―	2,3 8画 丨 冂 月 月 目 且 具 具	
	道具 どうぐ [a tool／道具／도구／đồ dùng, dụng cụ] 具合 ぐあい [condition／状态／상태／trạng thái]	
	道具：それは 何に 使う 道具ですか。 What do you use that tool for? 具合：体の 具合が 悪いです。 I don't feel well.	
20 ☆ **便** 音 ベン、ビン 訓 ―	4 9画 ノ イ 亻 广 仁 仃 佰 価 便	
	便利ナ べんり [convenient／方便的／변리한／tiện lợi] ゆう便きょく ゆうびんきょく [a post office／邮局／우체국／bưu điện]	
	便利：私が 住んで いる 町は こう通が とても 便利です。 The town where I live has very convenient transportation. ゆう便きょく：ゆう便きょくで 切手を 買った。 I bought stamps at the post office.	

21 ☆☆ 利 (2,3)

音 リ
訓 —

7画 ノ 二 千 チ 禾 利 利

利用スル りよう [to utilize／利用／이용하다／sử dụng]

利用：インターネットを 利用すれば、いろいろ しらべる ことが できる。
If you use the internet, you can research many different things.

22 ☆☆ 使 (4)

音 シ
訓 つか・う

8画 ノ イ 仁 仁 仨 佢 使 使

使う つかう [to use／使用／사용하다／sử dụng]
大使館 たいしかん [an embassy／大使馆／대사관／Đại sứ quán]

使う：この パソコンを 使っても いいですか。 May I use this computer?
大使館：帰国する 前に、大使館へ 行った。
Before returning to my country, I went to the embassy.

23 ☆ 試 (4)

音 シ
訓 —

13画 、 ー 亠 亠 言 言 言 訂 訂 訐 試 試

試合スル しあい [to play a game／比赛／시합하다／thi đấu]
入試 にゅうし [an entrance examination／入学考试／입시／dự thi]
試食スル ししょく [to taste／试吃／시식하다／ăn thử]

試合：今日は 学校で じゅう道の 試合が あります。
I have a judo match at school today.
入試：弟は 来年 高校入試を 受ける。
My brother will take his high shool entrance examination next year.

24 ☆☆ 強 (4)

音 キョウ
訓 つよ・い

11画 フ コ 弓 弓 弓 弓 弓 弓 強 強

強い つよい [strong／强／강하다／mạnh]
強力ナ きょうりょく [powerful／强力的／강력한／hùng cường, mạnh mẽ]

強い：あの 高校は 野きゅうが 強いです。 That school has a good baseball team.
強力：この 薬は 強力です。 This medicine is very powerful.

25 ☆ 弱 (4)

音 —
訓 よわ・い

10画 フ コ 弓 弓 弓 弓 弓 弱 弱 弱

弱い よわい [weak／弱／약하다／yếu]
弱火 よわび [low heat／小火／약한 불／lửa nhỏ]

弱い：妹は 体が 弱いです。 My sister is frail.
弱火：おゆが わいたら、弱火に して ください。 When the water boils, put it on low heat.

4 インターネット・勉強　Unit 1　練習問題

（解答 ⇨ 別冊 p.6〜7）

もんだい1　1〜4の えの ことばは どれですか。【 】から えらんで、＿＿＿に かいて ください。

1	2	3	4

【　電話　　　電車　　　強い　　　弱い　】

もんだい2　1〜4の ことばは ひらがなで どう かきますか。――を かいて ください。

1　取る　　・　　　・　ア　ぐあい　condition

2　文法　　・　　　・　イ　しる　to know

3　具合　　・　　　・　ウ　とる　to take

4　知る　　・　　　・　エ　ぶんぽう　grammar

もんだい3　どう よみますか。□に ひらがなを ひとつ かいて ください。

1　大使館

2　自由

3　強力

4　入試

もんだい4 つぎの ぶんの ＿＿＿の かんじの よみかたは まちがって います。ただしく なおして ください。

① ゆう便きょくへ てがみを だしに いきます。

　　ゆうべんきょくへ てがみを だしに いきます。

② 高校で 英語を べんきょうして います。

　　こうこうで ええごを べんきょうして います。

③ 火曜日に 法りつの ばんぐみが ほう送されます。

　　かようびに ほうりつの ばんぐみが ほうそんされます。

もんだい5 □に かんじを ひとつ かいて ください。

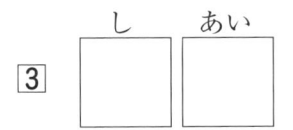

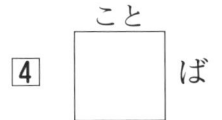

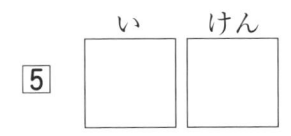

①　おも　□う　　　②　つか　□う

③　し　あい　□□　　④　こと　□ば

⑤　い　けん　□□

もんだい6 「する」や「な」と いっしょに つかえますか。（ ）に ○か ×を かいて ください。

① 自分 する（　）な（　）　② 便利 する（　）な（　）
③ 注意 する（　）な（　）　④ 質問 する（　）な（　）
⑤ 十分 する（　）な（　）　⑥ 利用 する（　）な（　）

もんだい7 つぎの ぶんの ＿＿＿の かんじの かきかたは まちがって います。ただしく なおして ください。

① この 文の 竟味を おしえて ください。
② この 動物の なまえを 和って いますか。
③ タイ語の 文宇を ならって います。
④ カンさんの 話は よく 介かりません。
⑤ その もんだいの 荅えは なんですか。

もんだい8 ほかと ちがう ものを えらんで ○を かいて ください。

① （ 試　知　英　法 ）　② （ 電気　道具　電話　電車 ）
③ （ 言う　話す　弱い　送る ）　④ （ 意　電　話　思 ）

もんだい9 しつもんに こたえて ください。

> わたしは マイクです。アメリカから きました。
> きのう ア）<u>自転車</u>で デパートへ いきました。デパートでは 日本語と イ）<u>外国語</u>の ほう送が ありました。英語の ほう送も ありました。
> 食料品売り場で 試食を しました。おいしかったですが、買いませんでした。シャツが 安かったので、青い シャツを 買いました。

1 ア、イの ことばを ひらがなで かいて ください。

　　ア）＿＿＿＿＿＿＿＿＿＿　　イ）＿＿＿＿＿＿＿＿＿＿

2 マイクさんは 食料品売り場で なにを しましたか。

3 マイクさんは なにを 買いましたか。

4 インターネット・勉強
Unit 2

- 26 図書館 (としょかん) library
- 27 本 (ほん) book
- 28 小説 (しょうせつ) novel
- 29 読む (よむ) to read
- 30 新聞 (しんぶん) newspaper
- 31 漢字 (かんじ) *kanji* (Chinese characters)
- 32 紙 (かみ) paper
- 33 書く (かく) to write
- 34 研究 (けんきゅう) research, study
- 35 研究室 (けんきゅうしつ) laboratory
- 36 考える (かんがえる) to think
- 37 学校 (がっこう) school
- 38 勉強 (べんきょう) study
- 39 しゅく題 (しゅくだい) homework
- 40 試験 (しけん) test, examination
- 41 問題 (もんだい) problem
- 42 百点 (ひゃくてん) one hundred points
- 43 先生 (せんせい) teacher, doctor
- 44 教える (おしえる) to teach
- 45 習う (ならう) to learn

26 ☆	館	4	16画	ノ ハ ヘ ケ 今 今 刍 刍 食 食 食 食 食 館 館 館
	音 カン 訓 —		図書館 としょかん [a library／图书馆／도서관／thư viện] 水族館 すいぞくかん [an aquarium／水族馆／수족관／hồ cá, thuỷ cung]	
			図書館：毎日 図書館で 勉強して います。 I am studying at the library every day. 水族館：友だちと 水族館へ 行った。 I went to an aquarium with a friend.	

27 ☆☆	本	5	5画	一 十 才 木 本
	音 ホン 訓 —		本 ほん [a book／书／책／sách] 本だな ほんだな [a bookshelf／书架／책장／kệ sách] 本屋 ほんや [a bookstore／书店／서점／nhà sách]	
			本：この 本は おもしろいです。 This book is interesting. 本だな：そ父の 本だなには むずかしい 本が たくさん ならんで いる。 On my grandfather's bookshelf there are many difficult books.	

28 ☆☆	説	4	14画	、 ゝ 言 言 言 言 言 言 訳 訳 説 説 説
	音 セツ 訓 —		小説 しょうせつ [a novel／小说／소설／tiểu thuyết] 説明スル せつめい [to explain／说明／설명하다／giải thích] 説明書 せつめいしょ [a manual／说明书／설명서／bản hướng dẫn]	
			小説：マイクさんに アメリカの 小説を 借りました。 I borrowed an American novel from Mike-san. 説明：もう 一度 説明して ください。 Please explain it again.	

29 ☆	読	5	14画	、 ゝ 言 言 言 言 言 計 訃 読 読 読 読
	音 — 訓 よ・む		読む よむ [to read／读／읽다／đọc] 読み方 よみかた [way of reading／读法／읽는방식/읽는법／cách đọc]	
			読む：私は 時どき 音楽の ざっしを 読みます。 I sometimes read music magazines. 読み方：この 漢字の 読み方を 教えて ください。 Please teach me how to read this *kanji*.	

30 ☆☆	聞	5	14画	｜ 冂 冂 冂 門 門 門 門 門 門 聞 聞 聞 聞
	音 ブン 訓 き・く き・こえる		新聞 しんぶん [a newspaper／报纸／신문／báo chí] 聞く きく [to listen, to ask／听,问／듣다／nghe, hỏi] 聞こえる きこえる [to hear／听得见／들리다／nghe thấy]	
			新聞：父は 会社へ 新聞を 持って 行きます。 My father brings a newspaper to work. 聞く：ラジオで 英語の ニュースを 聞く。 I listen to the English news on the radio.	

31 ☆ 漢 音 カン 訓 —	4	13画	｀ ｀ ｀ ｼ ｼ ｻ ｻ ｻ ｻ ｻ ｻ ｻ 漢 漢
		漢字 かんじ [kanji (Chinese characters)／汉字／한자／chữ Hán, Kanji]	
		漢字：漢字の 勉強は おもしろいです。 Studying kanji is interesting.	

32 ☆ 紙 音 シ 訓 かみ	4	10画	｀ ｀ ｀ ｀ 糸 糸 糸 糸 紙 紙
		紙 かみ [paper／纸／종이／giấy]	
		手紙 てがみ [a letter／书信／편지／lá thư]	
		新聞紙 しんぶんし [newsprint／报纸／신문지／giấy in báo]	
		紙：紙に 大きく 自分の 名前を 書いて ください。 Please write your name in big letters on the paper.	
		手紙：かの女から 手紙が 来た。 I got a letter from my girlfriend.	

33 ☆☆ 書 音 ショ 訓 か・く	5	10画	フ ヨ ヨ ヨ 聿 聿 書 書 書 書
		書く かく [to write／写／쓰다／viết]	
		じ書 じしょ [a dictionary／辞典／사전／tự điển]	
		書く：その 言ばは 漢字で どう 書きますか。 How do you write that word in kanji?	
		じ書：じ書で わからない 言ばを しらべる。 I look up words I don't know in the dictionary.	

34 ☆ 研 音 ケン 訓 —	4	9画	一 ｢ ｢ 石 石 石 研 研 研
		研究スル けんきゅう [to research, to study／研究／연구하다／nghiên cứu]	
		研究会 けんきゅうかい	
		[a research (study) group, a seminar／研究会／연구회／buổi chuyên đề về nghiên cứu]	
		研究：父は 大学で ITの 研究を して います。 My father is doing IT research at a university.	
		研究会：来週の 土曜日 研究会が あります。 Next Saturday there is a study group.	

35 ☆ 究 音 キュウ 訓 —	4	7画	｀ ｀ ｀ 宀 宀 究 究
		研究室 けんきゅうしつ [a laboratory／研究室／연구실／phòng nghiên cứu]	
		研究者 けんきゅうしゃ [a researcher／研究者／연구자／người nghiên cứu]	
		研究室：木村先生の 研究室は どこですか。 Where is Professor Kimura's laboratory?	
		研究者：日本には 地しんの 研究者が 多い。 There are many earthqake researchers in Japan.	

36 ☆☆ 考 (4)

音 —
訓 かんが・える

6画 一 十 土 耂 考 考

- 考える かんがえる [to think／考虑／생각하다／suy nghĩ]
- 考え方 かんがえかた [way of thinking／思考方法／사고방식／cách nghĩ]

考える：いくら 考えても、問題の 答えが わからない。
No matter how much I think about it, I don't know the answer to the problem.
考え方：父の 考え方は 母には よく わからないようだ。
My mother doesn't really understand how my father thinks.

37 ☆ 校 (5)

音 コウ
訓 —

10画 一 十 扌 木 朴 杧 栌 栌 校 校

- 学校 がっこう [a school／学校／학교／trường học]
- 校長 こうちょう [a principal／校长／교장／hiệu trưởng]
- 校内 こうない [within a school／校内／교내／trong trường]

学校：私の 家から 学校までは とても 近いです。
It is very close from my house to the school.
校長：今朝 校長先生に 会いました。 I met the school principal this morning.

38 ☆ 勉 (4)

音 ベン
訓 —

10画 ノ ク 亻 冃 冎 쓔 免 免 勉 勉

- 勉強スル べんきょう [to study／学习／공부하다／học hành]

勉強：毎日 何時間 勉強しますか。 How many hours do you study every day?

39 ☆☆ 題 (4)

音 ダイ
訓 —

18画 一 冂 日 日 旦 早 早 昰 是 是 昰 趆 題 題 題 題 題 題

- しゅく題 しゅくだい [homework／作业／숙제／bài tập]
- 話題 わだい [a topic／话题／화제／đề tài]

しゅく題：今日は しゅく題が ありません。 There is no homework today.
話題：今 話題の 映画を 見に 行きました。
I went to see the movie that is a hot topic right now.

40 ☆ 験 (4)

音 ケン
訓 —

18画 一 厂 Π Γ 斤 斤 馬 馬 馬 馬 馬 馯 駼 駼 駼 験 験

- 試験スル しけん [to test, an examination／考试／시험보다／thi cử]
- けい験スル けいけん [to experience／经验／경험하다／kinh nghiệm]

試験：来週から 大学で 試験が 始まります。 Exams start next week at university.
けい験：夏休みに いろいろな けい験を したいです。
I want to experience various things during summer vacation.

41 ☆☆ 問 (4)

音 モン
訓 ―

11画 丨 冂 冂 冃 冃 門 門 門 問 問 問

問題 もんだい [a problem, issue／问题／문제／vấn đề]

問題：この 問題は あまり むずかしく ないです。
This problem is not very difficult.

42 ☆☆ 点 (2,3)

音 テン
訓 ―

9画 丶 卜 卜 占 占 占 点 点 点

百点 ひゃくてん [one hundred points／一百分／백점／100 điểm, điểm ưu]
こうさ点 こうさてん [an intersection／十字路口／교차점／bùng binh, giao lộ]
〜点 〜てん [number of points／〜分／〜점／〜 điểm]

百点：きのうの テストは 百点だった。 I got 100 points on yesterday's test.
こうさ点：こうさ点を 注意して わたる。 I am careful when crossing the intersection.

43 ☆☆ 先 (5)

音 セン
訓 さき

6画 丿 ⺊ ⺊ 生 牛 先

先生 せんせい [a teacher, a doctor／老师／선생님／thầy, cô, bác sĩ ...]
先 さき [previous, ahead／以前, 前面／먼저／trước, địa điểm]
先ぱい せんぱい [senior schoolmate／前辈／선배／người đi trước]

先生：学校の 英語の 先生は イギリス人です。
The English teacher at my school is from England.
先：この 先に デパートが あります。 There is a department store ahead.

44 ☆☆ 教 (4)

音 キョウ
訓 おし・える

11画 一 十 土 耂 耂 孝 孝 孝 孝 教 教

教える おしえる [to teach／教／가르치다／dạy dỗ]
教会 きょうかい [a church／教堂／교회／nhà thờ]
教いくスル きょういく [to educate／教育／교육하다／giáo dục]

教える：パソコンの 使い方を 教えて ください。 Please teach me how to use a computer.
教会：日曜日に 教会に 行きます。 I go to church on Sundays.

45 ☆ 習 (4)

音 シュウ
訓 なら・う

11画 ⺄ ⺄ ⺄ ⺄ ⺄ ⺄ ⺄ 羽 習 習 習

習う ならう [to learn／学／배우다／học]
れん習スル れんしゅう [to practice／练习／연습하다／thực tập]
習かん しゅうかん [a habit／习惯／습관／tập quán]

習う：妹は ピアノを 習って います。 My sister is learning the piano.
れん習：発音の れん習は 大切です。 Pronunciation practice is important.

80

4 インターネット・勉強　Unit 2　練習問題

(解答 ⇨ 別冊 p.7～8)

もんだい1　①～④の　えの　ことばは　どれですか。【　】から　えらんで、_____に　かいて　ください。

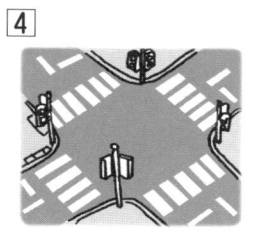

① ② ③ ④

【　教える　　　読む　　　こうさ点　　　本だな　】

もんだい2　①～④の　ことばは　ひらがなで　どう　かきますか。――を　かいて　ください。

① 試験　　・　　・ア　てがみ　a letter

② 手紙　　・　　・イ　しけん　an examination

③ 水族館　・　　・ウ　すいぞくかん　an aquarium

④ 新聞紙　・　　・エ　しんぶんし　newsprint

もんだい3　どう　よみますか。□に　ひらがなを　ひとつ　かいて　ください。

① 研究会

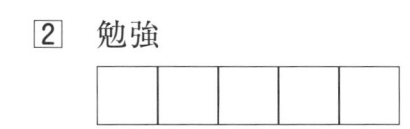

② 勉強

③ 校内

④ 本屋

もんだい4 つぎの ぶんの ＿＿＿の かんじの よみかたは まちがって います。ただしく なおして ください。

① 紙の じ書は あまり 使いません。

　かみの じしょうは あまり つかいません。

② 先生は ていねいに 説明して くれた。

　せんせいは ていねいに せつめいして くれた。

③ こどもの 教いくには お金が かかる。

　こどもの きょんいくには おかねが かかる。

もんだい5 □に かんじを ひとつ かいて ください。

① なら□う　　② か□く

③ □わ □だい　　④ □さき

もんだい6 「する」や「な」と いっしょに つかえますか。（ ）に ○か ×を かいて ください。

① 学校（がっこう） する（ ）な（ ）　② けい験（けん） する（ ）な（ ）
③ 教会（きょうかい） する（ ）な（ ）　④ 読み方（よみかた） する（ ）な（ ）
⑤ 問題（もんだい） する（ ）な（ ）

もんだい7 つぎの ぶんの ＿＿＿の かんじの かきかたは まちがって います。ただしく なおして ください。

① 質問に 答える まえに、よく 孝えて ください。
② 音楽を 聞くのが 好きです。
③ 学校で 歌の れん習を して います。

もんだい8 ほかと ちがう ものを えらんで ○を かいて ください。

① （ 題　紙　勉　校 ）　② （ 水族館　研究者　教会　学校 ）
③ （ 新聞　百点　小説　本 ）　④ （ しゅく題　先ぱい　先生　校長 ）

もんだい9 しつもんに こたえて ください。

　タムさんは 学校の 勉強が おわってから、よく ア）図書館へ いきます。新聞や イ）小説を 読みます。小説の 漢字は むずかしいです。きょう タムさんは 英語の 本を 借りました。

① ア、イの ことばを ひらがなで かいて ください。

　　ア）＿＿＿＿＿＿＿＿＿＿　　イ）＿＿＿＿＿＿＿＿＿＿

② タムさんは いつ 図書館へ いきますか。

③ タムさんは きょう 図書館で なにを 借りましたか。

4 インターネット・勉強　試験模擬問題

（解答 ⇨ 別冊 p.8）

もんだい1　＿＿＿の ことばは ひらがなで どう かきますか。
1・2・3・4から いちばん いい ものを ひとつ えらんで ください。

① 名前を かんじで 書いて ください。

　1　かいて　　　2　きいて　　　3　ついて　　　4　しょいて

② えいごの 新聞が 読みたいです。

　1　しんぶ　　　2　しんぶん　　3　しぶん　　　4　しんふん

③ ベトナムの ぶんかの 研究を したいです。

　1　けんきょう　2　けんきゅう　3　けんきょ　　4　けんきゅ

④ スーパーは この 先に あります。

　1　せん　　　　2　せい　　　　3　さき　　　　4　さい

⑤ だれか 意見は ありますか。

　1　いみ　　　　2　いめ　　　　3　いげん　　　4　いけん

⑥ この 文字は むずかしくて、読めません。

　1　ぶんし　　　2　もんし　　　3　ぶんじ　　　4　もじ

⑦ むすこは 入試の べんきょうを して います。

　1　にゅうし　　2　にょうし　　3　にうし　　　4　にっし

⑧ この 小説は あまり おもしろく なかった。

　1　しゅうせつ　　2　しゅせつ　　　3　しょうせつ　　4　しょせつ

もんだい2　＿＿＿＿＿の ことばは どう かきますか。1・2・3・4から いちばん いい ものを ひとつ えらんで ください。

① わたしは パソコンが つかえません。

　1　習えません　　2　便えません　　3　仕えません　　4　使えません

② がいこくごの べんきょうは たのしいです。

　1　外国話　　　2　外国説　　　3　外国語　　　4　外国試

③ じぶんで ごはんを つくって います。

　1　百分　　　　2　自分　　　　3　白分　　　　4　目分

④ 新しい けいたいでんわが ほしいです。

　1　雷話　　　　2　電話　　　　3　雪話　　　　4　霜話

⑤ ケリーさんに てがみを 書きました。

　1　手紙　　　　2　手縮　　　　3　手紙　　　　4　手紹

⑥ おとうとは からだが よわいです。

　1　強い　　　　2　強い　　　　3　弱い　　　　4　弱い

⑦ わたしは ピアノを ならいたいです。

　1　学いたい　　2　勉いたい　　3　習いたい　　4　思いたい

8 えいごの ぶんぽうは にほんごと ちがいます。

 1 文法　　　　 2 分法　　　　 3 文方　　　　 4 分方

もんだい3 （　　）に なにを いれますか。1・2・3・4から いちばん いい ものを ひとつ えらんで ください。

1 れんしゅうは （　　） したので、だいじょうぶです。

 1 じっぷんに　 2 じゅっぷんに　 3 じゅうぶんに　 4 じかんに

2 ちょっと その 本を （　　） ください。

 1 とって　　　 2 いって　　　 3 はなして　　　 4 しって

3 テニスの （　　）を 見に 行きましょう。

 1 じぶん　　　 2 ししょく　　　 3 しあい　　　　 4 ぐあい

4 となりの へやから きれいな おんがくが （　　）。

 1 かける　　　 2 きける　　　 3 きこえる　　　 4 よめる

5 らいねん りゅうがくしようと （　　）。

 1 おもいます　 2 わかります　　 3 ならいます　　 4 しります

6 （　　）で はがきと きってを 買いました。

 1 けんきゅうしつ　　　　　 2 たいしかん
 3 としょかん　　　　　　　 4 ゆうびんきょく

7 わたしは えいごが 少し （　　　）。

1　しります　　　2　はなします　　　3　わかります　　　4　かきます

もんだい4 ＿＿＿＿の ぶんと だいたい おなじ いみの ぶんが あります。1・2・3・4から いちばん いい ものを ひとつ えらんで ください。

1　先生に しつもんを しました。

1　先生に わからない ことを 読みました。

2　先生に わからない ことを こたえました。

3　先生に わからない ことを おしえました。

4　先生に わからない ことを 聞きました。

2　ここは すいぞくかんです。

1　ここは いろいろな とりが いる ところです。

2　ここは いろいろな 魚が いる ところです。

3　ここは いろいろな 本が ある ところです。

4　ここは いろいろな 花(はな)が ある ところです。

3　車が 多いので、ちゅういして あるきましょう。

1　車が 多いので、いけんを 言って あるきましょう。

2　車が 多いので、よく 聞いて あるきましょう。

3　車が 多いので、まわりを よく 見て あるきましょう。

4　車が 多いので、話して あるきましょう。

4　これから　メールを　おくります。
1　これから　メールを　読みます。
2　これから　メールを　おしえます。
3　これから　メールを　出します。
4　これから　メールを　見ます。

5　これは　じしょです。
1　これは　ことばの　いけんが　書いて　ある　本です。
2　これは　ことばの　いみが　書いて　ある　本です。
3　これは　ことばの　べんきょうが　書いて　ある　本です。
4　これは　ことばの　こたえが　書いて　ある　本です。

6　だれも　テストの　時間を　しらせて　くれませんでした。
1　だれも　テストの　時間を　ほうそうして　くれませんでした。
2　だれも　テストの　時間を　おもいだして　くれませんでした。
3　だれも　テストの　時間を　わかって　くれませんでした。
4　だれも　テストの　時間を　れんらくして　くれませんでした。

もんだい5　つぎの　ことばの　つかいかたで　いちばん　いい　ものを　1・2・3・4から　ひとつ　えらんで　ください。

1　もんだい
1　わたしは　今　あたまに　もんだいが　あります。
2　先生の　もんだいに　こたえました。
3　わたしは　ときどき　先生に　もんだいを　します。
4　この　もんだいは　むずかしく　ありません。

２　べんり

1　うんどうは　からだに　べんりです。

2　この　きっぷは　まだ　べんりです。

3　インターネットは　とても　べんりです。

4　これは　友だちから　来た　べんりです。

３　しゅくだい

1　今日は　しゅくだいが　多いです。

2　ここで　しゅくだいを　読んでも　いいですか。

3　もう　しゅくだいを　書きました。

4　毎日　しゅくだいを　べんきょうします。

４　でんしゃ

1　でんしゃに　のぼって　学校へ　行きます。

2　でんしゃが　ちこくしました。

3　でんしゃが　あるいて　います。

4　でんしゃで　デパートへ　行きます。

５　けいけん

1　ふゆやすみに　いい　けいけんが　ほしいです。

2　わたしは　がいこくへ　行く　けいけんが　ありません。

3　マレーシアで　いろいろな　けいけんを　しました。

4　アメリカへ　りょこうの　けいけんが　したいです。

６　しけん

1　明日　しけんを　とらなければ　なりません。

2　しけんを　書く　時間が　なくなりました。

3　学校で　しけんを　うけました。

4　きのう　しけんが　いそがしかったです。

5 デート・外出
Unit 1

1. 会う — to meet
2. 別れる — to break up
3. 友だち — friend
4. 楽しい — fun
5. 用事 — stuff to do, plans, errands
6. 都合 — convenience
7. 計画 — plan
8. 中止 — cancel
9. 土曜日 — Saturday
10. 乗る — to ride, to get on
11. 来る — to come
12. 地下てつ — subway
13. 待つ — to wait
14. 駅 — station
15. 走る — to run
16. 歩く — to walk
17. 車 — car
18. 出発 — departure
19. 間に合う — to be on time
20. 場所 — place
21. 門 — gate
22. 入る — to enter
23. 道 — road, path
24. 進む — to proceed, to move on
25. 通る — to pass through

1. 会

音 カイ
訓 あ・う

5
6画 ノ 人 ハ 会 会 会

会う あう [to meet／见面／만나다／gặp]
会話スル かいわ [to talk, to have a conversation／对话／대화하다／nói chuyện, hội thoại]
社会 しゃかい [society, social studies／社会／사회／xã hội]

会う：兄の けっこんしきで 友だちに 会った。 I met a friend at my brother's wedding.
会話：会話では ていねいな 言ばを 使いましょう。
You should use polite words in conversation.

2. 別

音 ベツ
訓 わか・れる

4
7画 丶 ロ 口 另 号 別 別

別れる わかれる [to break up／分离／헤어지다／chia tay]
別ノ・ナ べつ [another, different／別的／다른／별／riêng biệt]

別れる：学校の 近くの 駅で 母と 別れました。
My mother and I separated at the station nearby school.
別：レストランで みんな 別の 料理を たのみました。
At the restaurant, everyone ordered different things.

3. 友

音 —
訓 とも

5
4画 一 ナ 方 友

友だち ともだち [a friend／朋友／친구／bạn bè]

友だち：今日 友だちと デパートで 買い物します。
Today I am going to go shopping with a friend at a department store.

4. 楽

音 ガク
訓 たの・しい
　　たの・しむ
→ p.53 音楽

4
13画 ′ ⼁ 白 白 白 泊 泊 泊 淖 楽 楽 楽

楽しい たのしい [fun／快乐／즐겁다／vui]
楽しみノ・ナ たのしみ [fun, pleasurable／快乐的／즐거움／기대되는／niềm vui]
楽しむ たのしむ [to have fun, to enjoy／享受／즐기다／vui vẻ, khoái lạc]

楽しい：そつ業パーティーは とても 楽しかった。 The graduation party was really fun.
楽しみ：来週の デートを 楽しみに して いる。
I'm looking forward to my date next week.

5. 用

音 ヨウ
訓 —

4
5画 ノ 冂 月 月 用

用事 ようじ [stuff to do, plans, errands／事情／볼일／công việc]
用意スル ようい [to prepare／准备／차리다／sửa soạn, chuẩn bị]
用 よう [for the use of／供／용／dùng]

用事：チャンさんは 用事で 先に 帰りました。
Chan-san had errands to do, so he went home early.
用意：ボンさんは 毎ばん ねる 前に、つぎの 日の 用意を します。
Every night before going to sleep, Bon-san prepares for the next day.

5 デート・外出

6 ☆☆ 都 (4)

音 ト、ツ
訓 ―

11画 一 十 土 耂 耂 者 者 者 者 都 都

- 都合 つごう [convenience／时间安排／형편／사정／thuận tiện]
- 東京都 とうきょうと [Tokyo Metropolitan Area／东京都／도쿄도／thành phố Tokyo]

都合：**都合**の いい ときに、電話して ください。
Please call me when it is convenient for you.
東京都：**東京都**は 日本で 人口が いちばん 多いです。
The Tokyo Metropolitan area has the highest population in Japan.

7 ☆☆ 画 (4)

音 ガ、カク
訓 ―

8画 一 ア 丆 币 币 面 画 画

- 計画スル けいかく [a plan, to make a plan／计划／계획하다／lên kế hoạch]
- まん画 まんが [manga (Japanese comic)／漫画／만화／truyện tranh]

計画：弟は 夏休みの **計画**を 立てました。 My brother made a plan for summer vacation.
まん画：日本 では 大人も **まん画**を 読む 人が 多い。
In Japan, many adults read manga.

8 ☆☆ 止 (4)

音 シ
訓 と・まる
　 と・める

4画 丨 卜 卜 止

- 中止スル ちゅうし [to cancel／中止／중지하다／dừng]
- 止まる とまる [to stop／停止／멈추다／dừng (tự động từ)]
- 止める とめる [to bring to a stop／停止／세우다／멈추다／말리다／중지하다／dừng (tha động từ)]

中止：今日の 試合は 雨で **中止**に なりました。 Today's game is canceled due to rain.
止まる：エレベーターが **止まり**ました。 The elevator stopped.

9 ☆☆ 土 (5)

音 ド
訓 ―

3画 一 十 土

- 土曜日 どようび [Saturday／周六／토요일／thứ bảy]
- (お)土産* (お)みやげ [a souvenir／礼物／선물／quà lưu niệm]

土曜日：**土曜日**に デートを します。 I have a date on Saturday.
(お)土産*：国の **お土産**を 森さんに あげた。 I gave Mori-san a souvenir from my country.

10 ☆ 乗 (4)

音 ―
訓 の・る

9画 一 二 三 千 千 垂 乗 乗 乗

- 乗る のる [to ride, to get on／乘坐／타다／lên xe, bước lên]
- 乗りかえる のりかえる [to switch, to transfer／换乘／갈아타다／đổi xe]
- 乗り物 のりもの [a vehicle／交通工具／놀이기구／phương tiện giao thông]

乗る：雨の 日は 自転車に **乗らないで** ください。
Please don't ride your bicycle on rainy days.
乗りかえる：駅で バスから 電車に **乗りかえます**。 At the station, I transferred from a bus to a train.

5 デート・外出

11 ☆☆	5	7画	一 ｢ ｢ ｢ 平 来 来
来 音 ライ 訓 く・る		来る くる [to come／来／오다／đến] 来月 らいげつ [next month／下个月／다음달／tháng sau] さ来週 さらいしゅう [the week after next／下下周／다음다음 주／tuần sau nữa]	
		来る：今週 母が 日本へ 来ます。 My mother is coming to Japan this week. 来月：来月 マイさんが 国へ 帰ります。 Next month, Mai-san will return to her country.	

12 ☆☆	4	6画	一 十 土 圫 圫 地
地 音 チ、ジ 訓 ―		地下てつ ちかてつ [the subway／地铁／지하철／tàu điện ngầm] 地しん じしん [an earthquake／地震／지진／động đất]	
		地下てつ：ファンさんは 毎日 地下てつで アルバイトに 行きます。 　　　　Every day Hwang-san goes to her part-time job on the subway. 地しん：きのう 地しんで 部屋の 本だなが たおれました。 　　　A bookshelf in my room fell down in the earthquake yesterday.	

13 ☆	4	9画	ノ ク 彳 彳 彳 彳 待 待 待
待 音 タイ 訓 ま・つ		待つ まつ [to wait／等待／기다리다／대기하다／chờ đợi] しょう待 しょうたい [to invite／招待／초대하다／mời mọc]	
		待つ：大川さんは かの女からの 電話を 待って いる。 　　　Okawa-san is waiting for a phone call from his girlfriend. しょう待：友だちの けっこんしきに しょう待された。 　　　　I was invited to my friend's wedding.	

14 ☆	5	14画	丨 厂 ｢ 厂 斤 斤 馬 馬 馬 馬 馬 駅 駅 駅
駅 音 エキ 訓 ―		駅 えき [a station／车站／역／ga] 駅前 えきまえ [in front of the station／站前／역앞／phía trước ga] 駅ビル えきびる [a station building／车站建筑／역빌딩／nhà ga]	
		駅：駅の 本屋で 新聞を 買いました。 　　I bought a newspaper at the bookstore in the station. 駅前：駅前の こうばんで 道を 聞きました。 　　　I asked for directions at the police box in front of the station.	

15 ☆	4	7画	一 十 土 キ キ 走 走
走 音 ― 訓 はし・る		走る はしる [to run／跑／달리다／chạy]	
		走る：犬が こうえんを 走って いる。 The dog is running in the park.	

5 デート・外出

16 ☆ [4] 歩

8画　丨 ト ト 止 サ 步 歩 歩

- 歩く あるく [to walk／走／걷다／đi bộ]
- さん歩スル さんぽ [to take a walk／散步／산책하다／bách bộ]

音　ホ
訓　ある・く

歩く：毎日 家から 駅まで 二十分 歩きます。 I walk twenty minutes to the station every day.

さん歩：夕飯の あと、近所を さん歩しました。
After dinner, I took a walk around the neighborhood.

17 ☆☆ [5] 車

7画　一 ｢ 厂 戸 百 亘 車

- 車 くるま [a car／车／자동차／xe]
- ちゅう車場 ちゅうしゃじょう [a parking lot／停车场／주차장／bãi đậu xe]
- 自動車 じどうしゃ [a car／汽车／자동차／xe ô-tô]

音　シャ
訓　くるま

車：この 道は 車が 少ない。 There are few cars on this road.

ちゅう車場：この スーパーは ちゅう車場が 広い。
The parking lot at this supermarket is spacious.

18 ☆☆ [4] 発

9画　フ ブ ブ ブ ブ ブ 癶 発 発

- 出発スル しゅっぱつ [departure, to depart／出发／출발하다／xuất phát]
- 発音スル はつおん [pronounciation, to pronounce／发音／발음하기／phát âm]

音　ハツ
訓　―

出発：明日は 東京駅を 九時に 出発します。
I leave from Tokyo Station at nine o'clock tomorrow.

発音：「じ」と「ぢ」は 発音が 同じです。「じ」and「ぢ」are pronounced the same way.

19 ☆☆ [4] 合

6画　ノ 人 亼 合 合 合

- 間に合う まにあう [to be on time／来得及／맞추다／kịp]
- わり合 わりあい [percentage, ratio／比率／비율／tỷ lệ]

音　ゴウ
訓　あ・う
→ p.92 都合

間に合う：走れば、まだ やくそくの 時間に 間に合います。
If I run, I can make it to the meeting time.

わり合：この 国では けっこんしない 人の わり合が ふえて いるそうだ。
I hear the rate of unmarried people is increasing in this country.

20 ☆☆ [4] 所

8画　一 ヮ ヨ 戸 戸 所 所 所

- 場所 ばしょ [a place／地点／장소／địa điểm]
- 所 ところ [a place／地点,地方／곳／장소／nơi chốn]

音　ショ
訓　ところ

場所：マイさんは 五分前に やくそくの 場所に 着きました。
Mai-san made it to the meeting place five minutes early.

所：「空こう前」と いう 所で バスを おりました。
I got off the bus at a place called "kuko-mae."

21 ☆	門	音 モン 訓 —	8画	丨 冂 冂 冂 冃 門 門 門
			門 もん [a gate／门／문／cửa] せん門 せんもん [a specialty, expert／专业／전문／chuyên môn]	
			門：大使館の 門が 開きました。 The embassy gate opened. せん門：私の 大学の せん門は 数学です。 My major at university is math.	

22 ☆☆	入	音 ニュウ 訓 い・れる 　 はい・る	2画	ノ 入
			入る はいる [to enter／进／들다／들어가다／들어오다／bước vào] 入学ㇲﾙ にゅうがく [to enroll, to enter (a school)／入学／입학하다／nhập học] 入れる いれる [to insert, to put in／放入／넣다／bỏ vào, nhét vào]	
			入る：消しゴムは かばんの 中に 入って います。 I have an eraser in my bag. 入学：今年 妹が 高校に 入学しました。 My sister started high school this year.	

23 ☆☆	道	音 ドウ 訓 みち	12画	丶 丷 丬 丬 产 芦 芦 首 首 首 首 道 道
			道 みち [a road, a path／道路／길／đường] じゅう道 じゅうどう [judo／柔道／유도／nhu đạo]	
			道：スーパーへは この 道を 真っすぐ 行って ください。 　　To get to the supermarket, go straight along this street. じゅう道：兄が じゅう道の 試合で かった。 My brother won his judo match.	

24 ☆☆	進	音 — 訓 すす・む	11画	ノ イ イ' 亻 亻 亻 亻 隹 `隹 進 進
			進む すすむ [to proceed, to move on／前进／나아가다／tiến, bước tới]	
			進む：日本では 地しんの 研究が 進んで いる。 Earthquake research is 　　　　　　　　　　　　　　　　　　　　　　　more advanced in Japan.	

25 ☆☆	通	音 ツウ 訓 とお・る 　 かよ・う	10画	丶 マ マ 甬 甬 甬 甬 `甬 通 通
			通る とおる [to pass through／通过／통과하다／지나가다／đi/chạy ngang qua] 通う かよう [to attend, to commute／来往／다니다／đi, thông qua] こう通 こうつう [traffic／交通／교통／giao thông]	
			通る：夜は 明るい 道を 通ろう。 Let's travel on well-lit roads at night. 通う：大川さんは アメリカの 大学に 通って います。 　　　Okawa-san is attending an American university.	

5 デート・外出(がいしゅつ) Unit 1 練習問題(れんしゅうもんだい)

(解答 ⇨ 別冊 p.8〜9)

もんだい1 ①〜④の えの ことばは どれですか。【 】から えらんで、_____に かいて ください。

① ② ③ ④

_____ _____ _____ _____

【 地下(ちか)てつ　　自動車(じどうしゃ)　　駅(えき)　　道(みち) 】

もんだい2 ①〜④の ことばは ひらがなで どう かきますか。——を かいて ください。

① 乗る　　・　　　　・　ア　しゅっぱつ　departure

② 出発　　・　　　　・　イ　つごう　convenience

③ 走る　　・　　　　・　ウ　はしる　to run

④ 都合　　・　　　　・　エ　のる　to ride

もんだい3 どう よみますか。□に ひらがなを ひとつ かいて ください。

① 東京都

② 用事

③ 通る

④ 入学

もんだい4 つぎの ぶんの ＿＿＿の かんじの よみかたは まちがって います。ただしく なおして ください。

① パーティーに 先ぱいを しょう待しました。
　 パーティーに せんぱいを しょうちしました。

② じゅう道の 試合の ほう送は 中止です。
　 じゅうどの しあいの ほうそうは ちゅうしです。

③ まん画を 読むのが 好きだ。
　 まんかを よむのが すきだ。

もんだい5 □に かんじを ひとつ かいて ください。

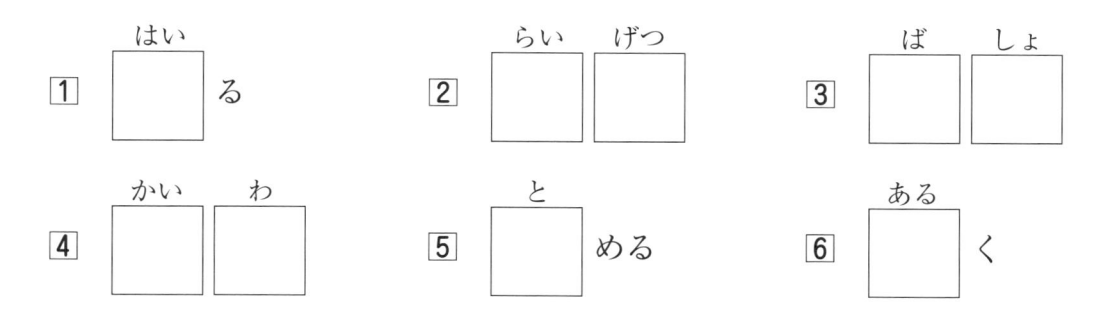

① はい□る　　② らい□ げつ□　　③ ば□ しょ□

④ かい□ わ□　　⑤ と□める　　⑥ ある□く

もんだい6 「する」や「な」と いっしょに つかえますか。（ ）に ○か ×を かいて ください。

① 計画　する（　）な（　）　② せん門　する（　）な（　）
③ 別　　する（　）な（　）　④ こう通　する（　）な（　）
⑤ 友だち　する（　）な（　）

もんだい7 つぎの ぶんの ＿＿＿の かんじの かきかたは まちがって います。ただしく なおして ください。

1 <u>止</u>曜日（どようび） 駅前（えきまえ）を さん歩（ぽ）した。

2 ここを まっすぐ <u>通</u>んで（すすんで） ください。

3 ちゅう車場（しゃじょう）で 先生（せんせい）に <u>合</u>いました（あいました）。

もんだい8 ほかと ちがう ものを えらんで ○を かいて ください。

1 （ 車　来　発　走 ）　　2 （ 別れる　楽しい　待つ　走る ）

3 （ 楽しむ　地しん　乗る　通う ）

4 （ 車　地下てつ　せん門　自動車 ）

もんだい9 しつもんに こたえて ください。

> わたしは タンです。友だちと 水族館へ いきました。
> いく とちゅうで あめが ふって きました。わたしは かさを ア）<u>用意して</u> いましたから、友だちを イ）<u>入れて</u> あげました。
> 二人とも ぬれましたが、とても
> 楽しかったです。

1 ア、イの ことばを ひらがなで かいて ください。

　　ア）＿＿＿＿＿＿＿＿＿＿　　イ）＿＿＿＿＿＿＿＿＿＿

2 タンさんは だれと どこへ いきましたか。

5 デート・外出
Unit 2

- 26 世界 (せかい) world
- 27 地理 (ちり) geography
- 28 地図 (ちず) map
- 29 近い (ちか) near, close
- 30 遠い (とお) far
- 31 西洋 (せいよう) west
- 32 西 (にし) west
- 33 北 (きた) north
- 34 東 (ひがし) east
- 35 南 (みなみ) south
- 36 光 (ひかり) light
- 37 空 (そら) sky
- 38 写真 (しゃしん) photograph
- 39 大事 (だいじ) precious
- 40 特別 (とくべつ) special
- 41 持つ (も) to hold, to possess
- 42 旅行 (りょこう) travel
- 43 京都 (きょうと) Kyoto
- 44 何か (なに) something
- 45 回る (まわ) to turn, to rotate
- 46 池 (いけ) pond
- 47 川 (かわ) river
- 48 海 (うみ) sea, ocean
- 49 林 (はやし) woods
- 50 森 (もり) forest
- 51 山 (やま) mountain
- 52 広い (ひろ) spacious, wide
- 53 外 (そと) out
- 54 屋上 (おくじょう) rooftop
- 55 映画館 (えいがかん) movie theater

26 ☆ 界 (4)

9画 ｜ 冂 冂 冊 田 甲 <ruby>界<rt></rt></ruby> 界 界

音 カイ
訓 ー

世界 せかい [the world／世界／세계／thế giới]
全世界 ぜんせかい [the whole world／全世界／전세계／toàn thế giới]

世界：世界で 一つしか ない ちゃわんを 作った。
I made a bowl that is the only one of its kind in the world.
全世界：インターネットは 全世界から 見る ことが できる。
The internet can be seen all over the world.

27 ☆☆ 理 (4)

11画 ー 丁 F 王 丑 玎 玎 玾 珅 理 理

音 リ
訓 ー

地理 ちり [geography／地理／지리／địa lý]
理由 りゆう [a reason／理由／이유／lý do]

地理：先ぱいは 東京の 地理を よく 知って いる。
My senior schoolmate knows geography of Tokyo well.
理由：先生に きのう 学校を 休んだ 理由を 話しました。
I told my teacher why I was absent from school yesterday.

28 ☆ 図 (4)

7画 ｜ 冂 冂 冂 図 図 図

音 ズ、ト
訓 ー

地図 ちず [a map／地图／지도／bản đồ]
図書室 としょしつ [a library room／图书室／도서실／phòng đọc sách]

地図：地図で レストランの 場所を しらべました。
I looked up the location of the restaurant on a map.
図書室：学校の 図書室で 本を 借りました。 I borrowed a book from the school library.

29 ☆☆ 近 (4)

7画 ノ ｆ F 斤 沂 近 近

音 キン
訓 ちか・い

近い ちかい [near, close／近／가깝다／gần]
近く ちかく [near／附近／가까이／gần]
近所 きんじょ [a neighborhood／附近／근처／hàng xóm]

近い：この 駅が ここから いちばん 近いです。 This station is the closest from here.
近く：池田さんに 家の 近くまで 送って もらった。
I had Ikeda-san take me to a place near my house.

30 ☆ 遠 (4)

13画 ー 十 土 キ 吉 吉 吉 声 幸 袁 袁 遠 遠

音 エン
訓 とお・い

遠い とおい [far／远／멀다／xa]
遠りょスル えんりょ [to refrain from, to reserve／辞让／사양하다／ngần ngại, dè chừng]
遠く とおく [far away, distant／远方／멀리／xa]

遠い：アンさんは 家が 遠いので、早く 帰ります。 An-san lives far away so she goes home early.
遠りょ：遠りょしないで、たくさん 食べて ください。
Please don't hold back, eat as much as you want.

5 デート・外出

31 洋

音 ヨウ
訓 —

9画 丶丶氵氵氵沪沪洋洋

- 西洋 せいよう [the west／西洋／서양／tây phương]
- 大西洋 たいせいよう [the Atlantic Ocean／大西洋／대서양／Đại Tây Dương]
- 洋食 ようしょく [Western style food／西餐／양식／đồ ăn tây]

西洋：西洋の 文かを よく 知りたいです。 I want to know more about Western culture.
大西洋：大西洋は アメリカの 東に ある 海です。
The Atlantic Ocean is to the east of the United States.

32 西

音 セイ
訓 にし

6画 一ｒ冖西西西

- 西 にし [west／西／서／phía tây]
- 西口 にしぐち [west entrance／西口／서쪽출입구／cửa tây]
- 西部 せいぶ [the western section／西部／서부／miền tây]

西：私の 部屋は 西に まどが ある。
There is a window on the western side of my room.
西口：先ぱいと 駅の 西口の レストランへ 行った。
I went to a restaurant at the west exit of the station with a senior schoolmate.

33 北

音 ホク
訓 きた

5画 一ｆ｜ｔ北

- 北 きた [north／北／북／phía bắc]
- 北口 きたぐち [north entrance／北口／북쪽출입구／cửa bắc]
- 北海道 ほっかいどう [Hokkaido／北海道／북해도／홋카이도／Hokkaido]

北：この 町の 北には 山が あります。
There are mountains to the north of the town.
北口：駅の 北口には タクシーが たくさん 止まって います。
There are many taxis stopped at the north exit of the station.

34 東

音 トウ
訓 ひがし

8画 一ｒ冖冃亘車東東

- 東 ひがし [east／東／동／phía đông]
- 東口 ひがしぐち [east entrance／东口／동쪽출입구／cửa đông]
- 東南アジア とうなんあじあ [Southeast Asia／东南亚／동남아시아／Đông Nam Á]

東：日本は 中国の 東に ある。 Japan is to the east of China.
東口：明日 十時に 駅の 東口で 山田さんに 会います。
I am going to meet Yamada-san at ten o'clock tomorrow at the east exit of the station.

35 南

音 ナン
訓 みなみ
→ p.101 東南アジア

9画 一十十冂内内南南南

- 南 みなみ [south／南／남／phía nam]
- 南口 みなみぐち [south entrance／南口／남쪽출입구／cửa nam]

南：夏休みは 南の しまで およぎたいです。
I want to go swimming at a southern island during summer vacation.
南口：駅の 南口の 前に 大きな デパートが ある。
There is a big department store at the south exit of the station.

5 デート・外出

36 ☆☆ 光 (4)

6画 丶 丷 丷 业 半 光

音 —
訓 ひか・る / ひかり

- 光 ひかり [light／光／광／ánh sáng]
- 光る ひかる [to shine／发光／빛나다／chiếu sáng]

光：今夜は 月の 光が きれいです。 The moonlight is pretty tonight.
光る：南の 空に ほしが 光って います。 There are stars shining in the southern sky.

37 ☆☆ 空 (5)

8画 丶 丷 宀 宀 穴 空 空 空

音 クウ
訓 そら

- 空 そら [the sky／天／하늘／bầu trời]
- 空気 くうき [air, atmosphere／空气／공기／không khí]
- 空こう くうこう [an airport／机场／비행장／sân bay, phi trường]

空：東の 空が 明るく なって きました。 The eastern sky has become brighter.
空気：山の 空気は つめたい。 The mountain air is cold.

38 ☆ 写 (4)

5画 丶 冖 冖 写 写

音 シャ
訓 うつ・す

- 写真 しゃしん [a photograph／照片／사진／tấm ảnh]
- 写す うつす [to copy／复写／찍다／phản ánh, chụp, chép lại]

写真：母に 旅行の 写真を 見せた。 I showed my mother photographs from my trip.
写す：じ書の 漢字を ノートに 写した。
I copied the *kanji* from the dictionary into my notebook.

39 ☆☆ 事 (4)

8画 一 丆 丆 写 写 写 写 事

音 ジ
訓 こと
→ p.117 仕事

- 大事ナ だいじ [precious／重要的／소중한／hệ trọng, quan trọng]
- 火事 かじ [a fire／火灾／화재／hoả hoạn]
- 事む所 じむしょ [an office／办公室／사무실／văn phòng]

大事：ミンさんは おばあさんの 時計を 大事に 使って います。
Min-san cherishes his grandmother's watch.
火事：きのう アパートの 近くで 火事が ありました。
There was a fire near my apartment yesterday.

40 ☆☆ 特 (4)

10画 丿 ⺧ 牛 牛 牜 牜 牜 牜 特 特

音 トク
訓 —

- 特別ノ・ナ とくべつ [special／特别的／특별의／한／đặc biệt]
- 特に とくに [especially／特別／특히／đặc biệt]
- 特急 とっきゅう [limited express (special express)／特急／특급／tốc hành]

特別：私の 家族は 特別な 日に ステーキを 食べます。
My family eats steak on special occasions.
特に：きらいな 食べ物は 特に ありません。 There isn't really any that I don't like.

5 デート・外出

41. 持

音 —
訓 も・つ

9画 一 十 扌 扌 扩 扩 挂 挂 持 持

持つ もつ [to hold, to possess／拿着／들다／cầm, giữ]
持ち物 もちもの [belongings／携帯物／소지품／vật sở hữu]
金持ち かねもち [rich／有钱人／부자／giàu có]

持つ：私は 毎日 会社に おべん当を 持って 行きます。
　　　I bring a boxed lunch to work every day.
持ち物：旅行の 持ち物を かばんに 入れた。 I put my travel belongings into a bag.

42. 旅

音 リョ
訓 —

10画 丶 亠 丆 方 方 扩 扩 扩 旅 旅

旅行スル りょこう [to travel／旅行／여행하다／du lịch]
旅館 りょかん [an inn, a Japanese hotel／旅馆／여관／lữ quán, phòng trọ]
国内旅行 こくないりょこう [domestic travel／国内旅游／국내여행／du lịch trong nước]

旅行：土曜日から 北海道へ 旅行に 行きます。
　　　On Saturday, I will go on a trip to Hokkaido.
旅館：京都で 古い 旅館に とまりました。 I stayed at an old Japanese inn in Kyoto.

43. 京

音 キョウ
訓 —

8画 丶 亠 亠 亠 古 古 亨 京 京

京都 きょうと [Kyoto／京都／교토／Kyoto]
東京 とうきょう [Tokyo／东京／동경／도쿄／Tokyo]

京都：京都で 有名な おまつりを 見ました。 I saw a famous festival in Kyoto.
東京：東京は 食べ物が 高いです。 Food is expensive in Tokyo.

44. 何

音 —
訓 なに、なん

7画 丿 亻 亻 亻 仃 何 何

何か なにか [something／什么／뭔가／cái gì đó]
何〜 なん〜 [what…／多少／뭔/무엇／cái ~ gì?]
何 なに、なん [what／什么／뭐／cái gì?]

何か：何か ほしい ものは ありませんか。 Is there anything you want?
何〜：一年に 何回 国に 帰りますか。
　　　How many times a year do you return to your country?

45. 回

音 カイ
訓 まわ・る

6画 丨 冂 冂 冋 回 回

回る まわる [to turn, to rotate／转／돌다／đi quanh, vòng quanh]
〜回 〜かい [〜times／〜回／〜번／lần 〜]

回る：池の まわりを 走って 回った。 I ran around the pond.
〜回：森さんは 中国へ 三回 行った ことが あります。
　　　Mori-san has been to China three times.

5 デート・外出

46 池

音 —
訓 いけ

6画 丶 丶 冫 氵 氵 池 池

池 いけ [a pond／池塘／연못／cái hồ]
池田さん いけださん [Ikeda-san(surname)／池田／이케다씨／Anh/chị Ikeda]

池：こうえんの 池で 魚が およいで います。
There are fish swimming in the pond.

47 川

音 —
訓 かわ

3画 ノ 刂 川

川 かわ [a river／河／강／sông]
大川さん おおかわさん [Okawa-san(surname)／大川／오카와씨／Anh/chị Okawa]

川：雨で 川の 水が ふえて いる。
The water in the river increased because of the rain.

48 海

音 カイ
訓 うみ

9画 丶 冫 氵 氵 汇 汒 浐 海 海

海 うみ [a sea, ocean／海／바다／biển]
海外 かいがい [abroad／海外／해외／nước ngoài]
海がん かいがん [a coast／海岸／해안／bờ biển]

海：今夜は 海の 近くの ホテルに とまります。
Tonight I am going to stay in a hotel by the ocean.
海外：この まんがは 海外でも 有名です。
This manga is famous even abroad.

49 林

音 —
訓 はやし

8画 一 十 才 木 木 村 村 林

林 はやし [the woods／树林／림／rừng]
小林さん こばやしさん [Kobayashi-san(surname)／小林／고바야시씨／Anh/chị Kobayashi]

林：父と 林の 中を さん歩した。 I took a walk with my father in the woods.

50 森

音 —
訓 もり

12画 一 十 才 木 木 木 杧 栽 森 森 森 森

森 もり [a forest／森林／숲／rừng]
青森県 あおもりけん [Aomori Prefecture／青森县／아오모리켄/현／Tỉnh Aomori]
森さん もりさん [Mori-san(surname)／森／모리씨／Anh/chị Mori]

森：森の 空気は 気持ちが いい。 The air in the forest feels good.

51 ☆☆ 山

音 サン
訓 やま

3画　｜ 山 山

山 やま [a mountain／山／산／núi lớn]
ふじ山 ふじさん [Mount Fuji／富士山／후지산／Núi Phú Sĩ]

山：ガイさんは 毎週 山に のぼります。 Gai-san climbs a mountain every week.
ふじ山：ふじ山の 写真を とりました。 I took a photograph of Mount Fuji.

52 ☆☆ 広

音 —
訓 ひろ・い

5画　ヽ 亠 广 広 広

広い ひろい [spacious, wide／宽的, 广阔／넓다／rộng]

広い：広い 道を 車で 走る。 I will go along a wide road in a car.

53 ☆☆ 外

音 ガイ
訓 そと、ほか

5画　ノ ク タ 夕 外

外 そと [out／外／외／bên ngoài]
外国 がいこく [a foreign country／外国／외국／nước ngoài]
外ノ・こ ほか [external/in addition, besides／另外／외부의 /에／bên ngoài]

外：たばこは 建物の 外で すって ください。 Please smoke outside the building.
外国：外国の 切手を 集めて いる。 I collect foreign stamps.

54 ☆ 屋

音 オク
訓 や

9画　一 ニ 尸 尸 戸 屋 屋 屋 屋

屋上 おくじょう [a rooftop／房顶／옥상／mái nhà]
八百屋* やおや [a vegetable stand／蔬菜店／야채가게／cửa hàng rau quả]
〜屋 〜や [〜store／〜店／〜가게／tiệm, cửa hàng]

屋上：スーパーの 屋上に ちゅう車場が ある。
　　　There is a parking lot on the rooftop of the supermarket.
八百屋*：八百屋で 白菜を 買った。 I bought some Chinese cabbage at the vegetable stand.

55 ☆ 映

音 エイ
訓 —

9画　｜ 冂 月 日 日 旫 旫 映 映

映画館 えいがかん [a movie theater／电影院／영화관／rạp chiếu phim]
映画 えいが [a movie／电影／영화／phim ảnh.]

映画館：日曜日 友だちと 映画館へ 行った。
　　　On Sunday, I went to a movie theater with a friend.
映画：日本の 古い 映画が 好きです。 I like old Japanese movies.

5 デート・外出 Unit 2 練習問題

(解答 ⇨ 別冊 p.9)

もんだい1 ①〜④の えの ことばは どれですか。【 】から えらんで、＿＿＿に かいて ください。

① ② ③ ④

＿＿＿＿　＿＿＿＿　＿＿＿＿　＿＿＿＿

【 屋上（おくじょう）　旅館（りょかん）　金持ち（かねもち）　地図（ちず） 】

もんだい2 ①〜④の ことばは ひらがなで どう かきますか。――を かいて ください。

① 何　　・　　・ア　いけ　a pond
② 光　　・　　・イ　なに　what
③ 池　　・　　・ウ　もり　a forest
④ 森　　・　　・エ　ひかり　light

もんだい3 どう よみますか。□に ひらがなを ひとつ かいて ください。

① 特急　□□□□□

② 映画　□□□

③ 近所　□□□□

④ 西洋　□□□□

106

もんだい4 つぎの ぶんの ＿＿の かんじの よみかたは まちがって います。ただしく なおして ください。

① 川の なかに 魚が います。

　わかの なかに さかなが います。

② 京都の 山へ いった ことが ありますか。

　きょとの やまへ いった ことが ありますか。

③ 駅ビルで よく 買い物する 理由は 家に 近いからです。

　えきビルで よく かいものする りゆは いえに ちかいからです。

もんだい5 □に かんじを ひとつ かいて ください。

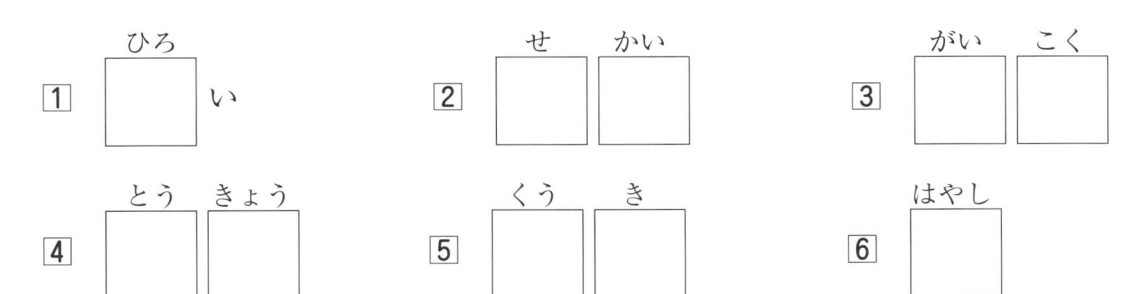

① ひろ／い　　② せ／かい　　③ がい／こく

④ とう／きょう　　⑤ くう／き　　⑥ はやし

もんだい6 「する」や「な」と いっしょに つかえますか。（ ）に ○か ×を かいて ください。

① 大事　する（　）な（　）　② 遠りょ　する（　）な（　）
③ 特別　する（　）な（　）　④ 旅行　する（　）な（　）

もんだい7 つぎの ぶんの ＿＿＿の かんじの かきかたは まちがって います。ただしく なおして ください。

① じ書を 待って 来て ください。

② 土曜日に 海で 魚を つりました。

③ 学部の 国書室で 勉強します。

もんだい8 はんたいの ことばを かいて ください。

① 遠く ⇔ (　　　　　)　② 西 ⇔ (　　　　　)

③ 北　⇔ (　　　　　)　④ 内 ⇔ (　　　　　)

もんだい9 しつもんに こたえて ください。

> わたしは エリーです。旅行が 好きです。
> 来月 友だちと ア)ふじ山に のぼります。友だちは はじめてですが、わたしは もう イ)三回 のぼりました。
> たくさん 写真を とりたいです。

① ア、イの ことばを ひらがなで かいて ください。

　　ア)＿＿＿＿＿＿＿＿＿＿　イ)＿＿＿＿＿＿＿＿＿＿

② エリーさんは なにが 好きですか。

③ エリーさんは ふじ山で なにを しますか。

5 デート・外出　試験模擬問題

（解答 ⇨ 別冊 p.9～10）

もんだい1　＿＿＿＿＿の ことばは ひらがなで どう かきますか。
1・2・3・4から いちばん いい ものを ひとつ えらんで ください。

① バスは 10時に 出発します。

　1　しゅぱつ　　2　しゅはつ　　3　しゅっぱつ　　4　しゅっはつ

② 来年 おとうとが ちゅうがっこうに 入学します。

　1　にゅうがく　　2　にゅがく　　3　にょうがく　　4　にゅかく

③ わたしは 毎年 アメリカへ 旅行に 行きます。

　1　りょうこ　　2　りょうこう　　3　りょこう　　4　りょこ

④ これから でかける 用意を しなければ ならない。

　1　よんい　　2　ようい　　3　よういい　　4　よいい

⑤ 父は 外国へ 行った ことが ありません。

　1　がいこく　　2　かいごく　　3　がいこぐ　　4　がこぐ

⑥ 子どもの とき、デパートの 屋上で あそびました。

　1　こうじょう　　2　やじょう　　3　しつじょう　　4　おくじょう

⑦ あには 山に のぼるのが すきです。

　1　かわ　　2　はやし　　3　もり　　4　やま

8 駅の 東口で 会いましょう。
　1　にしぐち　　2　きたぐち　　3　ひがしぐち　　4　みなみぐち

もんだい２ ＿＿＿＿の ことばは どう かきますか。1・2・3・4から いちばん いい ものを ひとつ えらんで ください。

1 そらが くらいから、雨が ふるかもしれない。
　1　究　　　　2　室　　　　3　空　　　　4　空

2 そらで ほしが ひかって います。
　1　見って　　2　先って　　3　光って　　4　売って

3 一月一日には とくべつな りょうりを 食べます。
　1　持別　　2　特別　　3　待別　　4　侍別

4 ミンさんの さいふには かぞくの しゃしんが 入って います。
　1　字真　　2　学真　　3　写真　　4　考真

5 どようび 友だちと えいがを 見ました。
　1　映画　　2　映画　　3　映画　　4　英画

6 明日 ようしょくの レストランへ 行きます。
　1　洋食　　2　羊食　　3　半食　　4　泮食

もんだい3 （　　）に なにを いれますか。1・2・3・4から いちばん いい ものを ひとつ えらんで ください。

① いそいで いたので、駅まで （　　）。
　1　あるきました　2　はしりました　3　あいました　4　わかれました

② ジョンさんは 学校の 前で 友だちを （　　） います。
　1　まわって　　2　まって　　3　とおって　　4　すすんで

③ 明日の （　　）は ノートと ペンと おべんとうです。
　1　もちもの　　2　のりもの　　3　たべもの　　4　たてもの

④ サエルさんは ごはんを 食べてから、おふろに （　　）。
　1　おくります　2　いいます　3　とめます　4　はいります

⑤ 今日の パーティーは （　　）です。
　1　ひろかった　2　ちかかった　3　とおかった　4　たのしかった

⑥ みぎと ひだりを よく 見てから、（　　）を わたりましょう。
　1　もん　　2　みせ　　3　まち　　4　みち

⑦ インドへ （　　） 行った ことが ありますか。
　1　なんかい　2　なにか　3　なんがい　4　なぜか

もんだい4 ＿＿＿＿＿の ぶんと だいたい おなじ いみの ぶんが あります。1・2・3・4から いちばん いい ものを ひとつ えらんで ください。

1 日本語の しけんに まにあいました。

　1　日本語の しけんに おくれませんでした。
　2　日本語の しけんに 行きませんでした。
　3　日本語の しけんに 出ませんでした。
　4　日本語の しけんに おちませんでした。

2 つぎの 駅で 電車から バスに のりかえます。

　1　つぎの 駅で ときどき バスに のります。
　2　つぎの 駅で いつも 電車に のります。
　3　つぎの 駅で 電車と バスに のって かえります。
　4　つぎの 駅で 電車を おりて、バスに のります。

3 あしたの デートは ちゅうしです。

　1　あした 会う 人が すきでは ありません。
　2　あした デートを しません。
　3　あした ちがう ところで デートします。
　4　あした デートの そうだんを します。

もんだい5　つぎの　ことばの　つかいかたで　いちばん　いい　ものを　1・2・3・4から　ひとつ　えらんで　ください。

[1] きんじょ

1　10時の　きんじょに　会いましょう。

2　いえの　きんじょの　スーパーで　かいものを　します。

3　ひこうきでは　いつも　トイレの　きんじょに　すわります。

4　へやの　かぎは　毎日　きんじょです。

[2] しょうたい

1　友だちに　あねを　しょうたいしました。

2　こうつうじこを　見たので、電話で　けいさつを　しょうたいしました。

3　友だちの　アルバイトが　おわるまで、しょうたいしました。

4　父と　母を　日本に　しょうたいしました。

[3] えんりょ

1　ミンさんは　えんりょを　して、おかしを　もらいませんでした。

2　しょうらいの　ことが　とても　えんりょです。

3　あには　わたしが　えんりょだと　おもって　います。

4　さ来週　一週間の　えんりょを　します。

[4] ちず

1　あなたの　すんで　いる　まちは　どんな　ちずですか。

2　ちずを　見せて、道を　聞きました。

3　この　ちずでは　こめを　つくって　いる　人が　多いです。

4　これは　人の　からだの　中の　ちずです。

6 アルバイト

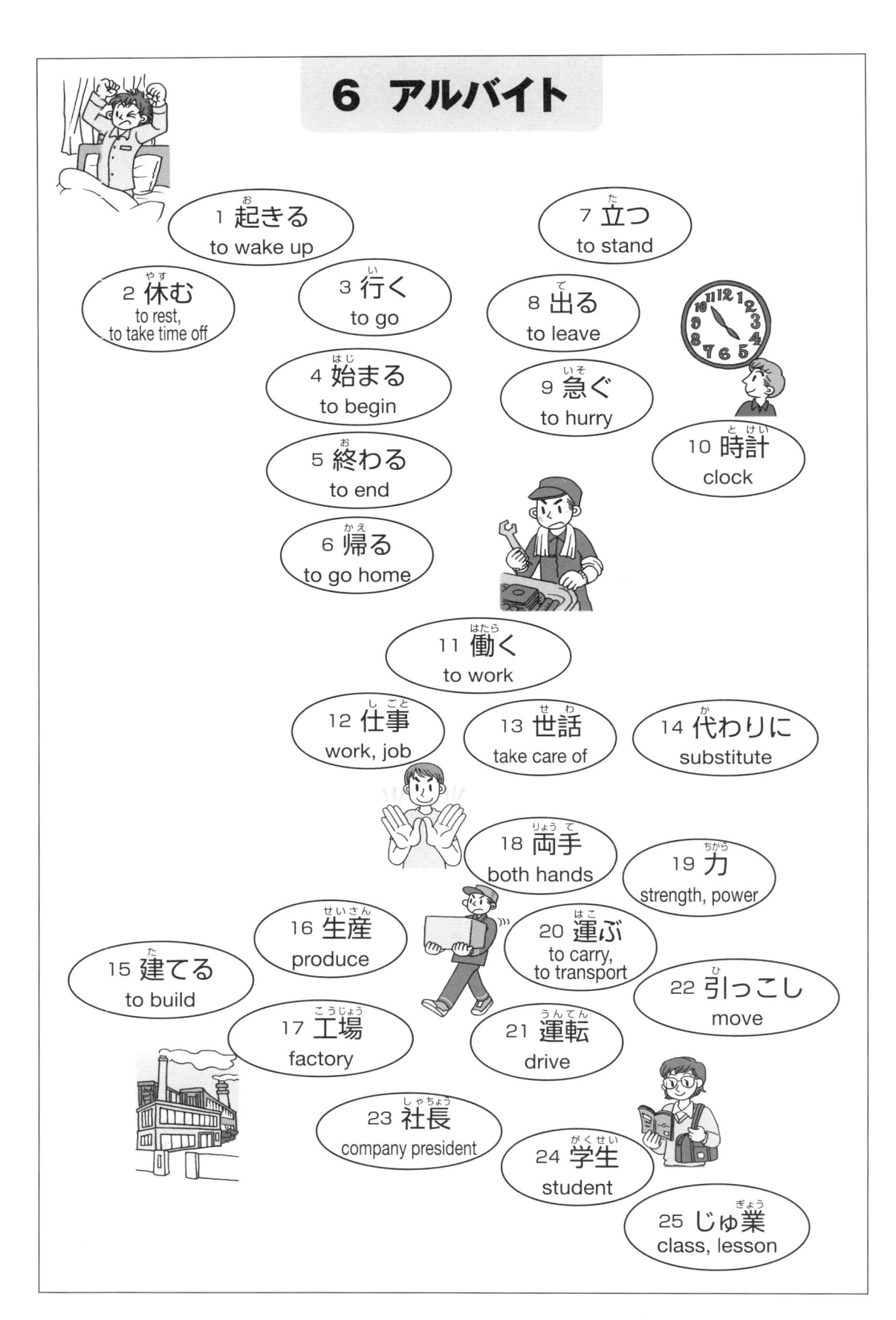

1. 起きる — to wake up
2. 休む — to rest, to take time off
3. 行く — to go
4. 始まる — to begin
5. 終わる — to end
6. 帰る — to go home
7. 立つ — to stand
8. 出る — to leave
9. 急ぐ — to hurry
10. 時計 — clock
11. 働く — to work
12. 仕事 — work, job
13. 世話 — take care of
14. 代わりに — substitute
15. 建てる — to build
16. 生産 — produce
17. 工場 — factory
18. 両手 — both hands
19. 力 — strength, power
20. 運ぶ — to carry, to transport
21. 運転 — drive
22. 引っこし — move
23. 社長 — company president
24. 学生 — student
25. じゅ業 — class, lesson

1. 起 (10画)

筆順: 一 十 土 キ キ 圭 走 起 起 起

- 起きる おきる [to wake up／起床／일어나다／dậy, thức dậy]
- 起こす おこす [to waken, to raise／叫起／깨우다／đánh thức, gây nên]
- 起こる おこる [to happen／发生／생기다／xảy ra]

音 —
訓 お・きる、お・こす

起きる：仕事が ある 日は 六時に 起きます。
On days when I have to go to work, I wake up at six o'clock.

起こす：先生は ねて いる 学生を 起こしました。
The teacher woke up the sleeping student.

2. 休 (6画)

筆順: ノ イ 亻 休 休 休

- 休む やすむ [to rest, to take time off／休息／쉬다／nghỉ ngơi, nghỉ]
- 休み やすみ [a holiday, rest, absent／假期／휴식／nghỉ]
- 休日 きゅうじつ [a day off／休息日／휴일／ngày nghỉ]

音 キュウ
訓 やす・む

休む：かぜを ひいて、アルバイトを 休んだ。
I caught a cold and took a day off from my part-time job.

休み：木曜日は 病院が 休みです。 The hospital is closed on Thursday.

3. 行 (6画)

筆順: ノ ク イ 彳 行 行

- 行く いく [to go／去／가다／đi]
- 行う おこなう [to do, to perform／做／행하다／tiến hành]

音 コウ
訓 い・く、おこな・う
→ p.30 銀行

行く：きのうは 会社に 行きませんでした。 I didn't go to work yesterday.

行う：試験は 来週から 大学で 行われる。
The examination will be held at the university next week.

4. 始 (8画)

筆順: く 厶 女 女 妇 始 始 始

- 始まる はじまる [to begin／始／시작되다／bắt đầu (tự động từ)]
- 始める はじめる [to start, to begin／开始／시작하다／khởi đầu (tha động từ)]

音 —
訓 はじ・める、はじ・まる

始まる：かいぎは 何時に 始まりますか。 What time does the meeting start?

始める：今から テストを 始めます。 The test will start now.

5. 終 (11画)

筆順: く 幺 幺 糸 糸 糸 紀 終 終 終

- 終わる おわる [to end／结束／끝나다／kết thúc]
- 終わり おわり [the end／结束／끝／kết thúc]
- 終電 しゅうでん [the last train／最后一班电车／막차／chuyến xe điện cuối]

音 シュウ
訓 お・わる

終わる：アルバイトは 十時に 終わります。 My part-time job ends at ten o'clock.

終わり：今日の 勉強は これで 終わりです。 This is the end of today's studies.

6 アルバイト

6 ☆ 帰 [4]

10画 丨 ⺉ ⺉⁷ ⺉⁷⁷ ⺉⁷⁷⁷ ⺉⁷⁷ 帰 帰 帰 帰

帰る かえる [to go home／回去／돌아가다／trở về]
帰国スル きこく [to return to one's country／回国／귀국한다／về nước]
お帰りなさい おかえりなさい [welcome home／您回来了／어서오십시오／anh/ chị về rồi à!]

音 キ
訓 かえ・る

帰る：森さんは もう 帰りました。 Mori-san has already gone home.
帰国：お正月に 一週間 帰国します。 I will return to my country for a week at new year's.

7 ☆☆ 立 [5]

5画 丶 亠 六 立 立

立つ たつ [to stand／站／서다／đứng]
立てる たてる [to erect／立起／세우다／dựng, gây ra]
立ぱナ りっぱ [admirable, splendid／很棒的／훌륭한／tráng lệ, xuất sắc]

音 リツ
訓 た・つ
　　た・てる

立つ：バスが 止まるまで、せきを 立たないで ください。
　　　Please don't stand up until the bus stops.
立てる：かさは ここに 立てて おいて ください。
　　　Please put your umbrella here.

8 ☆☆ 出 [5]

5画 丨 ⼧ 屮 出 出

出る でる [to leave／出／나가다／나다／xuất, ra]
出口 でぐち [an exit／出口／출구／cửa ra]
出す だす [to put out／拿出／내다／gửi đi, cho ra]

音 シュツ
訓 で・る、だ・す
→ p.94 出発

出る：毎朝 七時に 家を 出ます。 Everyday I leave my house at seven o'clock.
出口：出口は どこですか。 Where is the exit?

9 ☆☆ 急 [4]

9画 丿 ⺈ ⺈⁷ 刍 刍 刍 急 急 急

急ぐ いそぐ [to hurry／急／서두르다／gấp]
急ナ きゅう [steep, sudden／突然的／갑작스러운／gấp rút]
急行スル きゅうこう [an express, to rush／快车,快速去／급행／급행하다／nhanh, tốc hành]

音 キュウ
訓 いそ・ぐ

急ぐ：急がないと、間に合わない。 If I don't hurry, I won't be on time.
急：急に 雨が ふって きました。 It suddenly started to rain.

10 ☆☆ 計 [4]

9画 丶 ⺄ 亠 言 言 言 言 言 計

時計* とけい [a clock／钟,表／시계／đồng hồ]
うで時計* うでどけい [a watch (a wristwatch)／手表／손목시계／đồng hồ đeo tay]

音 ケイ
訓 ―

時計*：教室の 時計は 少し おくれて います。 The clock in the classroom is a little slow.
うで時計*：うで時計を して くるのを わすれた。 I forgot to put on my watch.

11 ☆ / 4	13画 ノ イ イ´ イ⁺ 亻⁺ 价 价 俑 俑 俑 働 働
働 音 ― 訓 はたら・く	働く はたらく [to work／做工作／일하다／làm việc] 働く：アンさんは 働きながら、大学に 通って います。 Anne-san is working and taking university classes.

12 ☆ / 4	5画 ノ イ イ 仕 仕
仕 音 シ 訓 ―	仕事 しごと [work, a job／工作／일／công việc] 仕方 しかた [way or means of doing something／做法／방법/어쩔수／cách thức, phương pháp] 仕事：あなたの お仕事は 何ですか。 What is your job? 仕方：発音の 仕方を 教えて ください。 Please teach me how to pronounce.

13 ☆☆ / 4	5画 一 十 卅 世 世
世 音 セ 訓 ―	世話スル せわ [to take care of／关照／돌보아주다／chăm sóc] 世話：子どもの とき、よく 妹の 世話を しました。 When I was a child, I often took care of my little sister.

14 ☆☆ / 4	5画 ノ イ 亻 代 代
代 音 ダイ 訓 か・わる	代わりに かわりに [a substitute／代替／대신／thay thế] 時代 じだい [an era／时代／시대／thời đại] ～代 ～だい [～era, price／钱, 费, 年龄带／～대/대금,값／phí～, lứa tuổi～] 代わりに：友だちの 代わりに デパートへ アルバイトに 行きました。 I went to a job at a department store to substitute for a friend. 時代：今は 一人 一台 けいたい電話を 持つ 時代に なった。 It has become an age when everyone has a cell phone.

15 ☆☆ / 4	9画 ⊃ ⊐ ⊒ ⊒ ⊒ 聿 聿 建 建
建 音 ― 訓 た・てる	建てる たてる [to build／建造／짓다／xây dựng] ～建て ～だて [～floors, stories／几层建筑／～건／nhà ～ tầng] 建物 たてもの [a building／建筑物／건물／toà nhà] 建てる：家族の ために、家を 建てました。 I built a house for my family. ～建て：私が 住んで いる アパートは ３がい 建てです。 The apartment building where I live has three floors.

6 アルバイト

16 ☆☆ 産 (4)

11画 丶 亠 产 产 立 产 产 产 产 産 産

生産スル せいさん [to produce／生产／생산하다／sản xuất]
産業 さんぎょう [industry／产业／산업／sản nghiệp, công nghiệp]

音 サン
訓 —

生産：この 工場では カメラが 生産されて いる。 This factory produces cameras.
産業：工業は 日本の 大切な 産業の 一つだ。
Manufacturing is one of the important industries of Japan.

17 ☆☆ 工 (4)

3画 一 T 工

工場 こうじょう [a factory／工厂／공장／công trường, xưởng]

音 コウ
訓 —

工場：父は 工場で 働いて います。 My father works in a factory.

18 ☆☆ 両 (2,3)

6画 一 丆 冂 丙 両 両

両手 りょうて [both hands／双手／양손／hai tay]
両足 りょうあし [both feet, legs／双足／양발／hai chân]

音 リョウ
訓 —

両手：重い にもつを 両手で 持った。 I held the heavy baggage with both hands.
両足：走ったら、両足が いたく なった。 Both legs started to hurt after I ran.

19 ☆☆ 力 (4)

2画 フ 力

力 ちから [strength, power／力量／힘／sức lực]

音 リョク
訓 ちから
→ p.71 強力

力：ご飯を 食べないと、力が 出ない。 If you don't eat, you won't have any strength.

20 ☆☆ 運 (4)

12画 丶 冖 冖 冃 冒 冒 冒 軍 軍 運 運

運ぶ はこぶ [to carry, to transport／搬运／옮기다／vận chuyển]
運転手 うんてんしゅ [a driver／司机／운전사／tài xế]
運動会 うんどうかい [a sports day (festival)／运动会／운동회／hội thi thể thao]

音 ウン
訓 はこ・ぶ

運ぶ：店員が 料理を 運んで きました。 The waiter came carrying the food.
運転手：ぼくの ゆめは 電車の 運転手に なる ことです。
My dream is to become a train driver.

21 ☆ 転 (4)

11画 一 厂 百 盲 亘 車 車 軒 転 転

運転スル うんてん [to drive／驾驶／운전하다／vận chuyển]

運転：車の 運転が できますか。 Can you drive a car?

音 テン
訓 —

22 ☆☆ 引 (4)

4画 一 コ 弓 引

引っこしスル ひっこし [to move／搬家／이사하다／chuyển nhà]
引き出し ひきだし [a drawer／抽屉／서랍／ngăn kéo]
引く ひく [to pull／拉／끌다／kéo, rút]

引っこし：来月 北海道に 引っこしします。 I will move to Hokkaido next month.
引き出し：道具は 引き出しに 入って います。 The tools are in the drawer.

音 —
訓 ひ・く

23 ☆☆ 社 (5)

7画 丶 ラ 永 永 ネ 社 社

社長 しゃちょう [a company president／总经理／사장／giám đốc]
会社 かいしゃ [a company／公司／회사／công ty]
じん社 じんじゃ [a shrine／神社／신사／đền thờ đạo thần]

社長：社長は どちらに いらっしゃいますか。 Where is the company president?
会社：家から 会社まで 地下てつで 一時間 かかります。
From my house to the office it takes one hour on the subway.

音 シャ
訓 —

24 ☆☆ 学 (5)

8画 丶 丷 ⺍ ⺍ ⺍ 学 学 学

学生 がくせい [a student／学生／학생／sinh viên]
小学生 しょうがくせい [an elementary school student／小学生／초등학생／học sinh tiểu học]
小学校 しょうがっこう [an elementary school／小学／초등학교／trường tiểu học]

学生：学生は 安い ねだんで 映画が 見られる。 Students can see movies at cheaper prices.
小学生：むすめは 春から 小学生です。
My daughter will start elementary school in the spring.

音 ガク
訓 —

25 ☆☆ 業 (4)

13画 丶 丷 丷 ⺍ 业 业 业 业 丵 芈 業 業 業

じゅ業スル じゅぎょう [a class, lesson／课／수업하다／lên lớp, giảng]
そつ業スル そつぎょう [to graduate／毕业／졸업하다／tốt nghiệp]
工業 こうぎょう [manufacturing industry／工业／공업／công nghiệp]

じゅ業：土曜日は じゅ業が ありません。 There are no classes on Saturdays.
そつ業：むすこが 中学校を そつ業しました。 My son graduated from junior high school.

音 ギョウ
訓 —

6 アルバイト

119

6 アルバイト 練習問題

(解答 ⇨ 別冊 p.10)

もんだい1 1〜4の えの ことばは どれですか。【 】から えらんで、_____に かいて ください。

1 2 3 4

_____ _____ _____ _____

【 休む　急ぐ　時計　学生 】

もんだい2 1〜4の ことばは ひらがなで どう かきますか。──を かいて ください。

1　休日　・ 　　　・　ア　しかた　way of doing something

2　仕方　・ 　　　・　イ　じだい　an era

3　出口　・ 　　　・　ウ　でぐち　an exit

4　時代　・ 　　　・　エ　きゅうじつ　a day off

もんだい3 どう よみますか。□に ひらがなを ひとつ かいて ください。

1　工場

2　産業

3　運転

4　小学校

◀もんだい4　つぎの　ぶんの　＿＿＿の　かんじの　よみかたは　まちがって
います。ただしく　なおして　ください。

① いまから　行っても、終電に　間に合わないかもしれません。

　　いまから　いっても、しゅでんに　まにあわないかもしれません。

② わたしは　いつも　ひだりてに　うで時計を　します。

　　わたしは　いつも　ひだりてに　うでとけいを　します。

③ じん社の　まえに　立ぱな　きが　立って　いる。

　　じんじゃの　まえに　りぱな　きが　たって　いる。

◀もんだい5　□に　かんじを　ひとつ　かいて　ください。

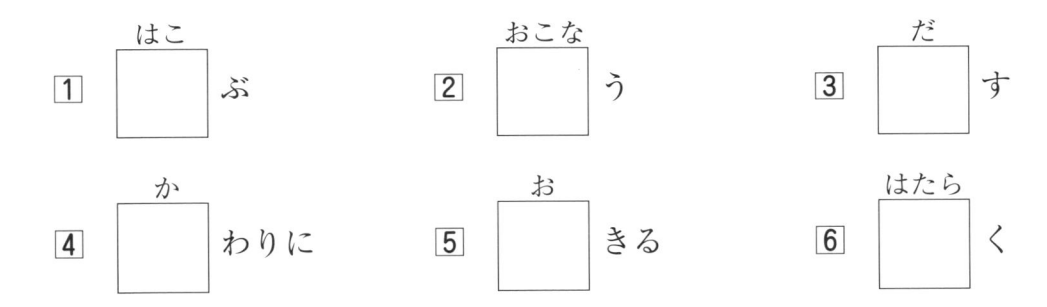

①　はこ　　ぶ　　　②　おこな　　う　　　③　だ　　す

④　か　　わりに　　⑤　お　　きる　　　　⑥　はたら　　く

◀もんだい6　「する」や「な」と　いっしょに　つかえますか。（　）に
○か　×を　かいて　ください。

① 世話 する（　）な（　）　② 工業 する（　）な（　）
③ 急 する（　）な（　）　　④ 帰国 する（　）な（　）

もんだい7 つぎの ぶんの ＿＿＿の かんじの かきかたは まちがって います。ただしく なおして ください。

① こどもの 運働会を 見に 行きました。
   　　　うんどうかい　　　み　　　　い

② あめが ひどくて、丙足が ぬれて しまった。
　　　　　　　　　　りょうあし

③ 駅の 近くに 引っこし したいです。
　えき　ちか　　ひ

もんだい8 ほかと ちがう ものを えらんで ○を かいて ください。

① (立ぱ　出る　行く　急ぐ)　② (休む　休み　起こる　起こす)

③ (小学生　運転手　社長　時代)　④ (仕　世　建　代)

もんだい9 しつもんに こたえて ください。

> わたしは ダンです。わたしの 仕事は あさ 9じに ア)始まります。
> よる 仕事が イ)終わって、家に ウ)帰ると、かぞくが
> 「お帰りなさい」と 言って くれます。
> わたしは かぞくが 大好きですから、
> 会社の つくえの 引き出しに
> かぞくの 写真を 入れて います。

① ア～ウの ことばを ひらがなで かいて ください。

　　ア) ＿＿＿＿＿＿＿　イ) ＿＿＿＿＿＿＿　ウ) ＿＿＿＿＿＿＿

② ダンさんが 家に 帰ると、かぞくは なんと 言いますか。

③ ダンさんは どこに かぞくの 写真を 入れて いますか。

6 アルバイト　試験模擬問題

(解答 ⇨ 別冊 p.10～11)

もんだい1　＿＿＿＿の　ことばは　ひらがなで　どう　かきますか。
1・2・3・4から　いちばん　いい　ものを　ひとつ　えらんで　ください。

1　タクシーの　運転手に　道を　聞いた。
　　1　うんてんじゅ　　2　うんてんしゅ　　3　うんてしゅ　　4　うんてんて

2　こんどの　休日は　かぞくで　でかけます。
　　1　きゅうじつ　　2　きゅじつ　　3　きゅうにち　　4　きゅにち

3　大きな　かばんを　もった　小学生が　あるいて　います。
　　1　しょがくせい　　2　しょうがくせ　　3　しょうがせい　　4　しょうがくせい

4　となりの　まちに　大きな　工場が　あります。
　　1　くじょう　　2　こじょう　　3　くうじょう　　4　こうじょう

5　ほしい　人が　多くて、ゲームの　生産が　まにあわない。
　　1　せいさ　　2　しょうさ　　3　せいさん　　4　しょうさん

6　うれしくて、両手を　あげて　よろこびました。
　　1　りょうて　　2　りょうしゅ　　3　りょて　　4　りょしゅ

7　引き出しに　てがみを　入れました。
　　1　ひきでし　　2　ひきてし　　3　ひきだし　　4　ひきたし

8 <u>時計</u>を 見たら、3時でした。

　1　じけい　　　2　とけい　　　3　じけ　　　4　ときけ

9 <u>出口</u>は あちらです。

　1　でぐち　　　2　でくち　　　3　だぐち　　　4　だくち

もんだい2 ＿＿＿＿の ことばは どう かきますか。1・2・3・4から いちばん いい ものを ひとつ えらんで ください。

1 タンさんは もう <u>かえりました</u>。

　1　返りました　　2　貸りました　　3　帰りました　　4　借りました

2 これから しけんを <u>はじめます</u>。

　1　治めます　　2　始めます　　3　故めます　　4　始めます

3 来年 <u>こうぎょう</u>高校に にゅうがくします。

　1　工荚　　2　工業　　3　工业　　4　工集

4 新しい としょかんは 5かい<u>だて</u>です。

　1　筆て　　2　健て　　3　建て　　4　津て

5 この いしは おもくて、<u>ちから</u>を 入れなければ もてません。

　1　刃　　2　夂　　3　刀　　4　力

6 けさは <u>かいしゃ</u>に はやく ついた。

　1　会社　　2　会社　　3　会杜　　4　会肚

7 しゅくだいが まだ おわって いません。
　1 終わって　　2 柊わって　　3 級わって　　4 紹わって

もんだい3 （　　）に なにを いれますか。1・2・3・4から いちばん いい ものを ひとつ えらんで ください。

1 すみませんが、こちらの にもつを あちらまで （　　） ください。
　1 はこんで　　2 いって　　3 うごいて　　4 うんてんして

2 おしょうがつに かぞくで （　　）へ 行きました。
　1 じだい　　2 じんじゃ　　3 じどうしゃ　　4 じてんしゃ

3 じしんの ときは この （　　）から 出ないで ください。
　1 たべもの　　2 のみもの　　3 たてもの　　4 くだもの

4 いもうとは ペットの （　　）を して います。
　1 せかい　　2 せんたく　　3 しょくじ　　4 せわ

5 母（はは）の （　　） ごはんを つくりました。
　1 おわりに　　2 かえりに　　3 かわりに　　4 おどりに

6 けさ 8時（じ）に （　　）。
　1 もちました　　2 おきました　　3 たてました　　4 いそぎました

7 今日（きょう）は スーパーが （　　）だった。
　1 やすみ　　2 きゅう　　3 やさい　　4 ぬすみ

もんだい4 ＿＿＿＿＿の ぶんと だいたい おなじ いみの ぶんが あります。1・2・3・4から いちばん いい ものを ひとつ えらんで ください。

① 駅まで いそいで 行って ください。

1 駅で あるいて 行って ください。
2 駅に ゆっくり 行って ください。
3 駅で しずかに 行って ください。
4 駅に はやく 行って ください。

② わたしは 毎日 9時間 はたらきます。

1 わたしは 毎日 9時間 しごとを します。
2 わたしは 毎日 9時間 ねます。
3 わたしは 毎日 9時間 あそびます。
4 わたしは 毎日 9時間 べんきょうします。

③ 来年の なつ きこくします。

1 来年の なつ がいこくへ 行きます。
2 来年の なつ りょこうします。
3 来年の なつ およぎます。
4 来年の なつ 国へ かえります。

もんだい5 つぎの ことばの つかいかたで いちばん いい ものを 1・2・3・4から ひとつ えらんで ください。

1 ひっこし

1 たなを ひとりで ひっこしします。
2 来月 となりの まちへ ひっこしします。
3 テーブルを テレビの 前へ ひっこしします。
4 りょうりが できたので、ひっこしします。

2 そつぎょう

1 来年 こうこうを そつぎょうします。
2 毎日 6時に しごとを そつぎょうします。
3 もうすぐ しょくじが そつぎょうします。
4 明日 テストが そつぎょうします。

3 きゅう

1 きゅうな バスに のりました。
2 きゅうな 雨で こまりました。
3 この ふくは 少し きゅうです。
4 先生に よばれて、わたしは きゅうです。

4 しかた

1 これは 新しい しかたです。
2 せつめいの しかたが わかりません。
3 ナイフと フォークの しかたは むずかしいです。
4 てがみの しかたを おしえて ください。

7 体・病気 (からだ・びょうき)

1. 頭 (あたま) head
2. 首 (くび) neck
3. 心 (こころ) heart, mind
4. 元気 (げんき) healthy, energetic
5. 体 (からだ) body
6. 手 (て) hand
7. 足 (あし) foot, leg
8. 生まれる (う) to be born
9. 顔 (かお) face
10. 目 (め) eye
11. 口 (くち) mouth
12. 耳 (みみ) ear
13. 医学 (いがく) medicine
14. 医者 (いしゃ) doctor
15. 薬 (くすり) medicine
16. 病気 (びょうき) illness, sick
17. 入院 (にゅういん) go into the hospital
18. 不便 (ふべん) inconvenient
19. 悪い (わるい) bad
20. 死ぬ (し) to die

1 ☆☆ 4	16画	一 一 一 一 一 一 豆 豆 豆 豆 豆 豆 頭 頭 頭 頭 頭 頭
頭 音 — 訓 あたま	頭 あたま [a head／头／머리／đầu]		
	頭：この 赤ちゃんは 頭が 大きいですね。 That baby has a big head, doesn't it?		

2 ☆☆ 4	9画	丶 丷 丷 丷 芒 苎 首 首 首
首 音 — 訓 くび	首 くび [a neck／脖子／목／고개／cổ]		
	首：首が いたいので、病院へ 行った。 My necks hurts so I went to see the doctor.		

3 ☆☆ 4	4画	丶 心 心 心
心 音 シン 訓 こころ	心 こころ [a heart, mind／心／마음／tim]		
	心ぱい・スル しんぱい [uneasy, anxious/to worry／担心的／걱정한／하다／lo lắng]		
	ねっ心け ねっしん [eager, zealous／热心的／열심한／nhiệt tình]		
	心：親切に して もらって、心が あたたかく なりました。 You were so kind to me, it warmed my heart. 心ぱい：もう 病気は なおったので、心ぱいしないで ください。 I am better now, so don't worry.		

4 ☆☆ 4	4画	一 二 テ 元
元 音 ゲン 訓 —	元気け げんき [healthy, energetic／精神／건강한／khoẻ]		
	元気：タンさんは いつも 元気だ。 Tan-san is always energetic.		

5 ☆☆ 4	7画	ノ イ 亻 仆 休 休 体
体 音 タイ 訓 からだ	体 からだ [a body／身体／몸／체／thân thể, cơ thể]		
	大体 だいたい [roughly, generally, on the whole／大概／대체로／đại khái]		
	体：父は 最近 体の 具合が よく ない。 My father isn't well these days. 大体：この 言ばの 大体の 意味は わかります。 I understand the general meaning of this word.		

7 体・病気

6 ☆☆ 5 手 音 シュ 訓 て、た →p.118 運転手	4画	ノ ニ 三 手
	手 て [a hand／手／손／tay]	
	手つだう てつだう [to help／帮忙／돕다／giúp đỡ]	
	下手な* へた [bad, unskilled／笨拙的／서투른／dở, kém]	
	手：手に けがを した。 I injured my hand.	
	手つだう：日曜日は 母の 仕事を 手つだいます。 On Sunday, I will help my mother with her work.	

7 ☆☆ 5 足 音 ソク 訓 あし た・りる、たす	7画	丶 口 口 口 口 足 足
	足 あし [a foot, a leg／脚／발／chân]	
	足りる たりる [to be enough／足够／충분하다／đầy đủ]	
	～足 ～そく [number of pairs of shoes／～双／～족/켤레／～đôi (giày, dép)]	
	足：かの女は 足が 長いですね。 She has long legs, doesn't she?	
	足りる：試験の 時間が 足りるか 心ぱいだ。 I'm worried that I will not have enough time in the exam.	

8 ☆☆ 5 生 音 セイ、ショウ 訓 いきる、うまれる →p.160 たん生日	5画	ノ ト 牛 牛 生
	生まれる うまれる [to be born／出生／태어나다／(được) sinh ra]	
	大学生 だいがくせい [a university student／大学生／대학생／sinh viên]	
	生きる いきる [to live, to exist／活着／살다／sống, tồn tại]	
	生まれる：去年の 冬 むすめが 生まれました。 My daughter was born in winter last year.	
	大学生：兄は 大学生です。 My brother is a university student.	

9 ☆ 4 顔 音 ― 訓 かお	18画	丶 亠 亠 立 产 产 彦 彦 彦 彦 彦 颜 颜 颜 顔 顔 顔
	顔 かお [a face／脸／얼굴／mặt]	
	顔色 かおいろ [a complexion／脸色／얼굴색／sắc mặt]	
	顔：あの 人の 顔は テレビで 見た ことが あります。 I've seen that person's face on TV before.	
	顔色：顔色が よく ないですね。 You don't look well.	

10 ☆☆ 5 目 音 ― 訓 め	5画	丨 冂 冃 目 目
	目 め [an eye／眼／눈／mắt]	
	～目 ～め [～th (on a list of things)／第／제/째／thứ ～]	
	両目 りょうめ [both eyes／双眼／양눈／hai mắt]	
	目：テレビを ずっと 見ていたら、目が つかれた。 My eyes are tired from so much TV watching.	
	～目：旅行の 一日目は 京都に 行きました。 I went to Kyoto on the first day of my trip.	

7 体・病気

11 ☆☆ 口 音 コウ 訓 くち	5	3画 ノ 冂 口
		口 くち [a mouth／嘴／입／miệng]
		人口 じんこう [population／人口／인구／dân số]
		入口 いりぐち [an entrance／入口／입구／cửa vào, lối vào]
		口：口の 中を いつも きれいに して おきましょう。 You should always keep the inside of your mouth clean. 人口：人口が いちばん 多い 国は どこですか。 Which country has the highest population?

12 ☆ 耳 音 — 訓 みみ	5	6画 一 丆 丆 丆 耳 耳
		耳 みみ [an ear／耳朵／귀／tai]
		耳：そ父は 耳が 悪い。 My grandfather has bad ears.

13 ☆ 医 音 イ 訓 —	4	7画 一 厂 厂 三 严 匠 医
		医学 いがく [medicine／医学／의학／y học]
		は医者 はいしゃ [a dentist／牙医／치과의사／nha sĩ]
		医学：今は 医学が どんどん 進んで います。 Medicine these days is making rapid advancement. は医者：は医者には あまり 行きたく ない。 I don't really want to go to the dentist.

14 ☆☆ 者 音 シャ 訓 —	5	8画 一 十 土 耂 耂 者 者 者
		医者 いしゃ [a doctor／医生／의사／bác sỹ]
		か学者 かがくしゃ [a scientist／科学家／과학자／nhà khoa học]
		医者：リーさんは 医者に なりたいそうです。 Lee-san says she wants to become a doctor. か学者：父は か学者で、アメリカの 大学で 研究を して いる。 My father is a scientist and is doing research at an American university.

15 ☆ 薬 音 — 訓 くすり	4	16画 一 十 艹 艹 艹 艹 苎 苎 苎 萨 萨 萨 蓮 藥 薬
		薬 くすり [medicine／药／약／thuốc]
		かぜ薬 かぜぐすり [cold medicine／感冒药／감기약／thuốc cảm]
		目薬 めぐすり [eye medicine／眼药／안약／thuốc nhỏ mắt]
		薬：薬を 飲んで、休みます。 I'm going to take medicine and rest. かぜ薬：かぜ薬を 買いに 行った。 I went to buy cold medicine.

7 体・病気

16 ☆ 病

10画 　丶亠广广广疒疒病病病

- 病気 びょうき [illness, sick／病／병／bệnh]
- 病院 びょういん [a hospital／医院／병원／bệnh viện]
- 病室 びょうしつ [a hospital room／病房／병실／phòng bệnh]

音 ビョウ
訓 —

病気：そ母が 病気に なった。 My grandmother got sick.
病院：家の 近くには 大きな 病院が ない。 There aren't any big hospitals near my house.

17 ☆☆ 院

10画 　フ了阝阝'阝'阝阼阼院院

- 入院スル にゅういん [to go into the hospital／住院／입원하다／nhập viện]
- たい院スル たいいん [to be discharged from the hospital／出院／퇴원하다／xuất viện]

音 イン
訓 —

入院：友だちが 入院して います。 My friend is in the hospital.
たい院：たい院する 日が きまりました。 They have decided when I will be released from the hospital.

18 ☆☆ 不

4画 　一ア不不

- 不便ナ ふべん [inconvenient／不方便／불편한／bất tiện]
- 不注意ノ・ナ ふちゅうい [carelessness/careless, negligent／不注意的／부주의／한／bất cẩn, vô ý]

音 フ
訓 —

不便：時計を わすれて、不便だった。 I forgot my watch and it was inconvenient.
不注意：不注意で 大事な 本を 家に おいて きた。 I was careless and left an important book at home.

19 ☆ 悪

11画 　一一一一一一一亜亜悪悪悪

- 悪い わるい [bad／坏／나쁘다／dữ, ác, xấu]

音 —
訓 わる・い

悪い：先週 ずっと 天気が 悪かったです。 The weather was bad all last week.

20 ☆☆ 死

6画 　一ア歹歹死死

- 死ぬ しぬ [to die／死／죽다／chết]
- 急死スル きゅうし [to die suddenly／猝死／급사하다／đột tử, bạo tử]

音 シ
訓 し・ぬ

死ぬ：ペットの 犬が 死んで、かなしいです。 My pet dog died and I am sad.
急死：ジョンさんの お父さんが 急死したそうだ。 I heard that Jon-san's father died suddenly.

7 体・病気

7 体(からだ)・病気(びょうき)　練習問題(れんしゅうもんだい)

(解答 ⇨ 別冊 p.11)

もんだい1　①〜④の えの ことばは どれですか。【　】から えらんで、_____に かいて ください。

①　② 　③ 　④

_____　_____　_____　_____

【　医者(いしゃ)　　顔(かお)　　耳(みみ)　　病気(びょうき)　】

もんだい2　①〜④の ことばは ひらがなで どう かきますか。——を かいて ください。

①　手　・　　　・　ア　て　a hand

②　急死　・　　　・　イ　りょうめ　both eyes

③　両目　・　　　・　ウ　くち　a mouth

④　口　・　　　・　エ　きゅうし　to die suddenly

もんだい3　どう よみますか。□に ひらがなを ひとつ かいて ください。

① 大学生

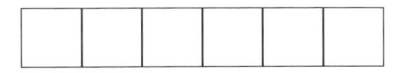

② 人口

③ 病室

もんだい4 つぎの ぶんの ＿＿＿の かんじの よみかたは まちがって います。ただしく なおして ください。

① 近くの 病院へ 行った。
　ちかくの びょういんへ いった。

② ミンさんは 顔色が よく ないので、病気かもしれない。
　ミンさんは かおしょくが よく ないので、びょうきかもしれない。

③ 仕事は 大体 終わりました。
　しごとは たいたい おわりました。

④ 不注意で 借りて いた 本を わすれて きました。
　ふじゅういで かりて いた ほんを わすれて きました。

もんだい5 □に かんじを ひとつ かいて ください。

① あたま　□
② くび　□
③ □ きる　(い)
④ あし　□
⑤ こころ　□

もんだい6 「する」や「な」と いっしょに つかえますか。（　）に ○か ×を かいて ください。

① 入口（いりぐち）　する（　）な（　）
② 不便（ふべん）　する（　）な（　）
③ ねっ心（しん）　する（　）な（　）

もんだい7 つぎの ぶんの ＿＿＿の かんじの かきかたは まちがって います。ただしく なおして ください。

① 最近は 匠学が 進んで います。

② ご飯を 食べてから、かぜ薬を 飲んだ。

③ ペットの いぬが 宛にました。

④ 気分が 亜いので、車を おりました。

もんだい8 はんたいの ことばを かいて ください。

① 入院する ⇔ (　　　　　　)　② 生まれる ⇔ (　　　　　　　)

③ 安心する ⇔ (　　　　　　)

もんだい9 しつもんに こたえて ください。

> ちちは 最近 ア)体の 具合が よく ない。
> わたしは ちちと 病院へ 行った。医者は すぐに
> 入院するようにと 言った。大体 2しゅうかん
> 入院しなければ ならないそうだ。はやく
> イ)元気に なって ほしい。

① ア、イの ことばを ひらがなで かいて ください。

　ア)＿＿＿＿＿＿＿＿＿＿　イ)＿＿＿＿＿＿＿＿＿＿

② わたしは ちちと どこへ 行きましたか。

③ 医者は なんと 言いましたか。

7 体・病気　試験模擬問題

（解答 ⇨ 別冊 p.11～12）

もんだい1　＿＿＿＿＿の　ことばは　ひらがなで　どう　かきますか。
1・2・3・4から　いちばん　いい　ものを　ひとつ　えらんで　ください。

① 日本語は　大体　わかります。
　1　だいだい　　2　だいたい　　3　たいだい　　4　おおたい

② ずっと　ゲームを　していたら、両目が　いたく　なりました。
　1　りようめ　　2　りうめ　　3　りゅうめ　　4　りょうめ

③ ちかくの　店で　薬を　買った。
　1　ぐすり　　2　くすり　　3　くっすり　　4　くずり

④ となりの　いえの　男の子は　いつも　元気だ。
　1　げんき　　2　げんぎ　　3　もとき　　4　もとぎ

⑤ リーンさんは　大学生です。
　1　たいがくせい　2　だいかくせい　3　だいがくしい　4　だいがくせい

⑥ ここは　南の　病室なので、あかるい。
　1　びしょしつ　　2　ぎょうしつ　　3　びょうしつ　　4　びようしつ

もんだい2 ＿＿＿＿の ことばは どう かきますか。1・2・3・4から いちばん いい ものを ひとつ えらんで ください。

① しゃちょうが きゅうしして、今(いま) 会社は たいへんです。
　1　免死　　　　2　色施　　　　3　急死　　　　4　息死

② びょういんでは しずかに して ください。
　1　病陥　　　　2　病侊　　　　3　病浣　　　　4　病院

③ この まちの じんこうは きょねんより ふえました。
　1　入口　　　　2　入日　　　　3　人口　　　　4　人工

④ くびが いたいので、うんどうは できません。
　1　自　　　　　2　首　　　　　3　目　　　　　4　鼻

⑤ かおいろが よく ないですが、どう したんですか。
　1　顔免　　　　2　勢色　　　　3　頭色　　　　4　顔色

⑥ わたしは みみが わるいです。
　1　月　　　　　2　耳　　　　　3　日　　　　　4　自

7 体・病気

もんだい3 （　　　）に なにを いれますか。1・2・3・4から いちばん いい ものを ひとつ えらんで ください。

1. いそがしいので、しごとを（　　　　　）くれませんか。
   1　はこんで　　　　　　　　2　うんてんして
   3　ひっこしして　　　　　　4　てつだって

2. 学生は 先生の 話を（　　　　　）聞いて います。
   1　あんぜんに　　2　へたに　　3　ねっしんに　　4　べんりに

3. （　　　　　）を 大きく あけて、のどを 見せて ください。
   1　くち　　　　2　みみ　　　　3　あたま　　　　4　こころ

4. きのう あねの あかちゃんが（　　　　　）。
   1　たりました　　　　　　　2　だしました
   3　うまれました　　　　　　4　もらいました

5. （　　　　　）に けがを して しまいました。
   1　あし　　　　2　びょうき　　　3　こころ　　　4　はいしゃ

6. 母は 大学で けんきゅうを して いる（　　　　　）です。
   1　いがく　　　　　　　　　2　かいしゃ
   3　かがくしゃ　　　　　　　4　けんきゅうしつ

もんだい4 ＿＿＿＿の ぶんと だいたい おなじ いみの ぶんが あります。1・2・3・4から いちばん いい ものを ひとつ えらんで ください。

① りょこうの 一日目に 買いものを します。

1　りょこうの 前の 日に 買いものを します。

2　りょこうの とちゅうで 買いものを します。

3　りょこうの はじめの 日に 買いものを します。

4　りょこうの おわりに 買いものを します。

② おみやげを 買う お金が たりません。

1　おみやげを 買う お金が たくさん あります。

2　おみやげを 買う お金が のこって います。

3　おみやげを 買う お金が ぜんぜん ありません。

4　おみやげを 買う お金が じゅうぶんでは ありません。

③ むすこは もう 大学生に なりました。

1　むすこは まだ 大学に 行って いません。

2　むすこは もう 大学に 入りました。

3　むすこは もう 大学生では ありません。

4　むすこは とても 大学に 行きたいそうです。

もんだい5 つぎの ことばの つかいかたで いちばん いい ものを
1・2・3・4から ひとつ えらんで ください。

1　しんぱい

1　びょうきの 友だちの ことが しんぱいです。

2　これは 今日の しんぱいです。

3　母が びょうきで、わたしの こころは しんぱいです。

4　道を わたる とき、しっかり しんぱいです。

2　いりぐち

1　飲みものの いりぐちが ついて いません。

2　たてものの いりぐちは 二つ あります。

3　ころんで、いりぐちに けがを しました。

4　はこの いりぐちを あけて ください。

3　ふべん

1　すみません、明日は ちょっと ふべんです。

2　この まちは こうつうが ふべんです。

3　駅で ふべんな じこが ありました。

4　学校で ふべんな 話を しないで ください。

4 わるい

1 わるい 電車に のったので、おくれました。

2 かれは 話すのが わるいです。

3 からだの ぐあいが わるいです。

4 今日（きょう）は げんきが わるいので、休みます。

5 たいいん

1 もう べんきょうを たいいんしました。

2 かれは きのう たいいんしました。

3 きょねん 大学を たいいんしました。

4 父（ちち）は 1年（ねん） たいいんしました。

6 ふちゅうい

1 大学の せいかつは とても ふちゅういです。

2 ふちゅういで 電車に かさを わすれて きました。

3 パソコンが ないと、ふちゅういです。

4 ここは 店が 少ない ふちゅういな ところです。

8 生活(人・季節・時間・位置)

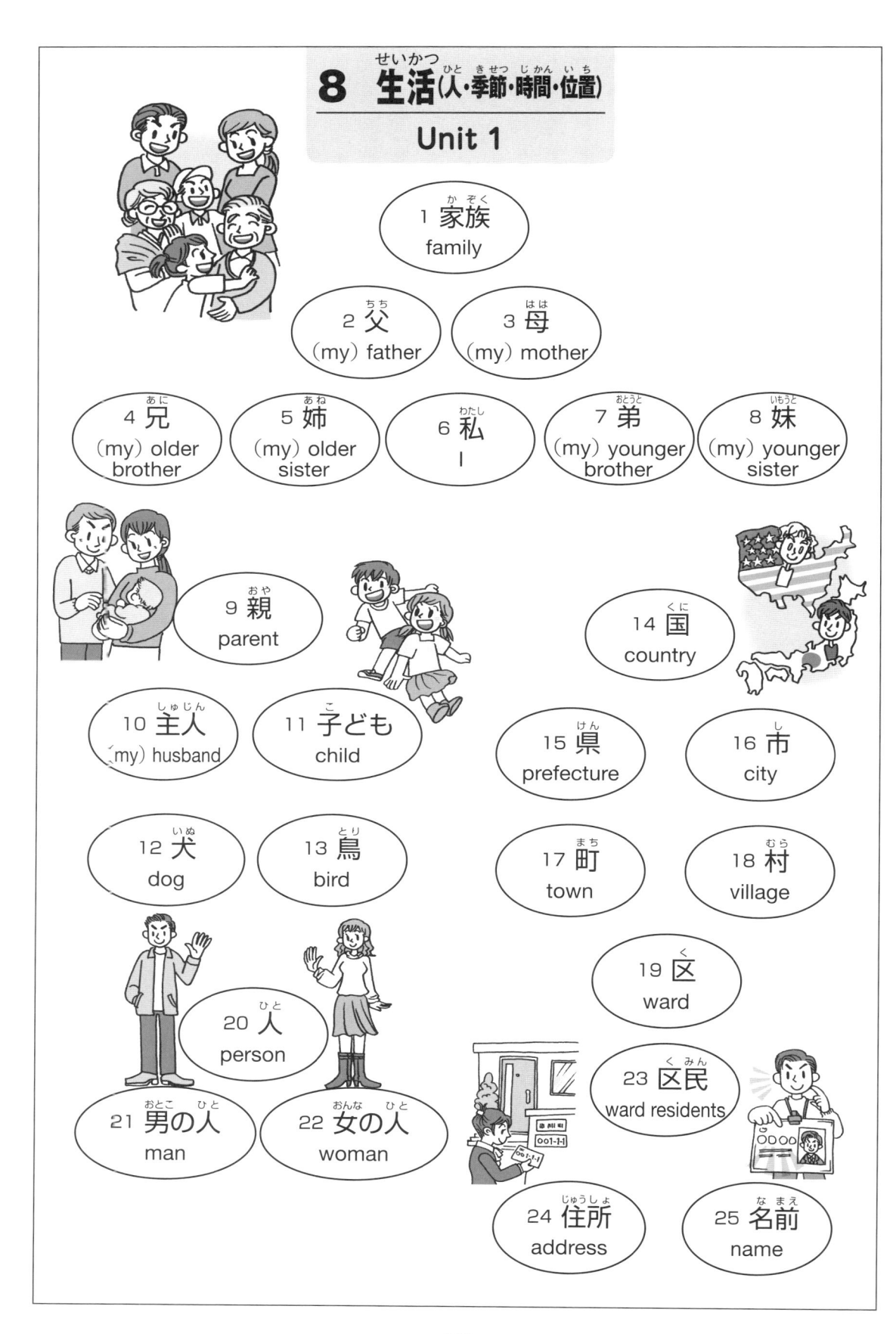

Unit 1

1. 家族 (かぞく) family
2. 父 (ちち) (my) father
3. 母 (はは) (my) mother
4. 兄 (あに) (my) older brother
5. 姉 (あね) (my) older sister
6. 私 (わたし) I
7. 弟 (おとうと) (my) younger brother
8. 妹 (いもうと) (my) younger sister
9. 親 (おや) parent
10. 主人 (しゅじん) (my) husband
11. 子ども (こ) child
12. 犬 (いぬ) dog
13. 鳥 (とり) bird
14. 国 (くに) country
15. 県 (けん) prefecture
16. 市 (し) city
17. 町 (まち) town
18. 村 (むら) village
19. 区 (く) ward
20. 人 (ひと) person
21. 男の人 (おとこのひと) man
22. 女の人 (おんなのひと) woman
23. 区民 (くみん) ward residents
24. 住所 (じゅうしょ) address
25. 名前 (なまえ) name

1 ☆ [4]	族 音 ゾク 訓 ―	11画　﹅ 亠 方 方 ガ ガ 扩 扩 族 族	**家族** かぞく ［a family／家人／가족／gia đình］ **家族旅行** かぞくりょこう ［a family trip／家庭旅游／가족여행／du lịch gia đình］ 家族：私の 家族は 五人です。 There are five people in my family. 家族旅行：夏休みに 家族旅行で アメリカに 行きます。 　　　　We are going on a family trip to the United States during summer vacation.
2 ☆☆ [5]	父 音 フ 訓 ちち	4画　ノ ハ グ 父	**父** ちち ［(my) father／(我的)爸爸／아버지／ba, bố, cha］ **(お)父さん*** (お)とうさん ［one's father, dad／(他人的)父亲,爸爸／아버님／아빠／ba, bố (dùng để gọi ba của người ta)］ **そ父** そふ ［(my) grandfather／祖父／할아버지／ông］ 父：父は よく テレビで スポーツを 見て います。 My father often watches sports on TV. お父さん*：お父さんは お元気ですか。 How is your father?
3 ☆☆ [5]	母 音 ボ 訓 はは	5画　乚 口 口 母 母	**母** はは ［(my) mother／(我的)妈妈／어머니／mẹ, má］ **(お)母さん*** (お)かあさん ［one's mother, mom／(他人的)母亲,妈妈／어머님／엄마／mẹ, má (dùng để gọi mẹ của người ta)］ **そ母** そぼ ［(my) grandmother／祖母／할머니／bà］ 母：母は 買い物が 好きだ。 My mother likes to shop. お母さん*：タムさんの お母さんは 小学校の 先生です。 　　　　Tam-san's mother is an elementary school teacher.
4 ☆ [4]	兄 音 キョウ 訓 あに → p.144 兄弟	5画　丨 口 口 尸 兄	**兄** あに ［(my) older brother／(我的)哥哥／형／오빠／anh trai］ **(お)兄さん*** (お)にいさん ［one's older brother／(他人的)哥哥／형님／오빠／anh trai (dùng để gọi anh trai của người khác)］ 兄：兄は タイに 住んで います。 My brother lives in Thailand. お兄さん*：山田さんは お兄さんが 三人 います。 　　　　Yamada-san has three older brothers.
5 ☆ [4]	姉 音 ― 訓 あね	8画　く 女 女 女' 女亠 女亠 姉 姉	**姉** あね ［(my) older sister／(我的)姐姐／누나／언니／chị gái］ **(お)姉さん*** (お)ねえさん ［one's older sister／(他人的)姐姐／언니／누님／chị gái (dùng để gọi chị của người khác)］ 姉：姉は 私より 四つ 上です。 My sister is four years older than me. お姉さん*：あなたは お姉さんに にて いますね。 You look like your older sister.

8 生活

143

6 ☆☆ 私 [4]

音 —
訓 わたし／わたくし

7画 丿 二 千 禾 禾 私 私

- 私 わたし [I／我／나／tôi]
- 私 わたくし [I／我／저／tôi]

- 私：私は 鳥が 好きです。 I like birds.
- 私：私は 田中と もうします。 My name is Tanaka.

7 ☆ 弟 [4]

音 ダイ
訓 おとうと

7画 丶 丷 丼 丼 弟 弟 弟

- 弟 おとうと [(my) younger brother／(我的)弟弟／동생／em trai]
- 兄弟 きょうだい [siblings／兄弟姐妹／형제／anh em]
- 弟さん おとうとさん [one's younger brother／(他人的)弟弟／동생／분／em trai (dùng để gọi em trai của người khác)]

- 弟：弟は よく わすれものを します。 My (younger) brother often forgets things.
- 兄弟：私は 五人兄弟の いちばん 上です。 I am the oldest of five.

8 ☆ 妹 [4]

音 —
訓 いもうと

8画 乚 乂 女 女 圸 圸 妹 妹

- 妹 いもうと [(my) younger sister／(我的)妹妹／여동생／em gái]
- 妹さん いもうとさん [one's younger sister／(他人的)妹妹／여동생／분／em gái (dùng để gọi em gái của người khác)]

- 妹：妹に あめを あげました。 I gave my younger sister a piece of candy.
- 妹さん：妹さんは 小学生ですか。 Is your younger sister in elementary school?

9 ☆☆ 親 [4]

音 シン
訓 おや

16画 丶 二 宀 立 立 辛 辛 亲 亲 亲 亲 亲 親 親 親 親

- 親 おや [a parent／父母／부모／cha mẹ]
- 親切 しんせつ [kind／亲切的／친절한／thân thiết]
- 両親 りょうしん [parents／双亲／부모님／bố mẹ.]

- 親：私は 親と いっしょに 住んで います。 I live with my parents.
- 親切：となりの 家の 人は とても 親切です。 The person next door is very kind.

10 ☆☆ 主 [4]

音 シュ
訓 —

5画 丶 亠 宀 主 主

- 主人 しゅじん [(my) husband／(我的)丈夫／남편／chủ, chồng]
- ご主人 ごしゅじん [someone else's husband／(他人的)丈夫／서방／chồng (dùng để gọi chồng của người khác)]

- 主人：すみません、主人は 今 るすです。 I'm sorry but my husband is away right now.
- ご主人：ご主人は 今 どちらですか。 Where is your husband now?

11 ☆☆

子 (5)

3画 ｀ 了 子

- 子ども こども ［a child／孩子／아이／con cái］
- 女の子 おんなのこ ［a girl／女孩／여자아이／bé gái］
- 男の子 おとこのこ ［a boy／男孩／남자아이／bé trai］

子ども：子どもは 早く ねましょう。 Children should go to bed early.
女の子：あの 女の子は 元気ですね。 That girl is cheerful.

音 ―
訓 こ

12 ☆

犬 (4)

4画 一 ナ 大 犬

- 犬 いぬ ［a dog／狗／개／chó］
- 子犬 こいぬ ［a puppy／小狗／강아지／chó con］

犬：山田さんの 家には 犬が います。 The Yamadas have a dog.
子犬：いすの 下に 子犬が います。 There is a puppy under the chair.

音 ―
訓 いぬ

13 ☆

鳥 (4)

11画 ′ ⺅ ⼾ 戶 戶 臼 鳥 鳥 鳥 鳥 鳥

- 鳥 とり ［a bird／鸟／새／chim, gà］
- 鳥肉 とりにく ［chicken (meat)／鸡肉／닭고기／thịt gà］
- 小鳥 ことり ［small birds／小鸟／작은새／chim con］

鳥：鳥の 声が 聞こえる。 I can hear the birds sing.
鳥肉：私は 鳥肉の 料理が 好きです。 I like chicken dishes.

音 ―
訓 とり

14 ☆☆

国 (5)

8画 丨 冂 冂 冋 囙 国 国 国

- 国 くに ［a country／国／나라／đất nước］
- 外国人 がいこくじん ［a foreigner／外国人／외국인／người nước ngoài］
- 国外 こくがい ［abroad, overseas／国外／국외／nước ngoài］

国：来週 国から 友だちが 来ます。 I am expecting a friend from my home country next week.
外国人：私は 外国人の 友だちが おおぜい いる。 I have many foreign friends.

音 コク
訓 くに

15 ☆☆

県 (4)

9画 丨 冂 冃 目 目 冝 旦 県 県

- 県 けん ［a prefecture／县／현／tỉnh］
- ～県 ～けん ［～ prefecture／某县／～켄／~huyện］

県：名古屋市は どこの 県に ありますか。 Which prefecture is Nagoya City in?

音 ケン
訓 ―

8 生活

16 ☆☆ 市

音 シ
訓 —

5画 丶 亠 宀 市 市

市 し [a city／市／시／tỉnh, thành phố]
市長 しちょう [a mayor／市长／시장／chủ tịch tỉnh/ thành, thị trưởng]
～市 ～し [～ city／～市／～시／tỉnh ～]

市：この 市は 四つの 町が いっしょに なって できました。
　　This city was made by bringing four towns together.
市長：市長は 大きな 家に 住んで いる。　The mayor lives in a big house.

17 ☆☆ 町

音 チョウ
訓 まち

7画 丨 冂 冂 田 田 町 町

町 まち [a town／町／초／thị trấn]
町長 ちょうちょう [a town mayor／町长／초장／chủ tịch quận]
～町 ～ちょう、まち [～ town／～町／～초／quận ～]

町：この 町の 人口は 六千人です。　Thr population of this town is 6000.
町長：町長は 去年 この町に 引っこして きた 人です。
　　The town mayor is someone who moved to this town last year.

18 ☆☆ 村

音 ソン
訓 むら

7画 一 十 才 木 木 村 村

村 むら [a village／村／마을／thôn xã]
村長 そんちょう [a village mayor／村长／촌장／chủ tịch phường/ xã]
～村 ～そん、むら [～ village／～村／～촌／phường, thôn ～]

村：この 村は しずかな ところです。　This village is a quiet place.
村長：村長は ねっ心に 仕事を して います。　The village mayor works very hard.

19 ☆☆ 区

音 ク
訓 —

4画 一 フ ヌ 区

区 く [a ward／区／구／khu]
区長 くちょう [a ward mayor／区长／구청장／trưởng khu/ tổ trưởng]
～区 ～く [～ ward／～区／～구／khu ～]

区：東京には いくつの 区が ありますか。　How many wards are there in Tokyo?
区長：区長に そうだんが あります。　I have something to discuss with the ward mayor.

20 ☆☆ 人

音 ジン ニン
訓 ひと

2画 ノ 人

人 ひと [a person／人／사람／người]
人ぎょう にんぎょう [a doll／娃娃／인형／búp bê]
日本人 にほんじん・にっぽんじん [Japanese／日本人／일본인／Nhật Bản]

人：日曜日の デパートは 人が 多い。
　　On Sundays, there are many people at department stores.
人ぎょう：友だちに 人ぎょうを もらいました。　I received a doll from my friend.

21 ☆☆ 5

男

音 ダン
訓 おとこ

7画 ｜ 口 冂 甲 甲 男 男

男の人 おとこのひと ［a man／男人／남자／đàn ông, con trai］
男せい だんせい ［male, man／男性／남성／nam giới］
男 おとこ ［male／男／남／nam］

男の人：家の 前に 知らない 男の人が います。 There is a strange man in front of my house.
男せい：この 会社には 男せいが 少ない。 This company has few men.

22 ☆☆ 5

女

音 ジョ
訓 おんな

3画 く ᄼ 女

女の人 おんなのひと ［a woman／女人／여자／đàn bà, con gái］
かの女 かのじょ ［she, girlfriend／她, 女朋友／여친 / 여자친구／phụ nữ］
女せい じょせい ［female, woman／女性／여성／nữ giới］

女の人：あの 女の人は だれですか。 Who is that woman?
かの女：木村さんの かの女に 会った ことが ありますか。
Have you ever met Kimura-san's girlfriend?

23 ☆☆ 4

民

音 ミン
訓 ―

5画 ⁷ ᄀ ⁷ ᄅ 民

区民 くみん ［ward residents／区民／구민／dân trong khu, xóm］
市民 しみん ［city residents／市民／시민／người dân thành phố］

区民：この 図書館は 区民と この 区で 働いて いる 人が 利用できます。
This library can be used by people who live or work in this ward.
市民：市長は 市民が えらんだ 人です。 The mayor is someone elected by the city residents.

24 ☆☆ 4

住

音 ジュウ
訓 す・む

7画 ノ イ イ´ 仁 仟 住 住

住所 じゅうしょ ［address／地址／주소／địa chỉ］
住む すむ ［to live／居住／살다／sinh sống］

住所：ここに 住所を 書いて ください。 Please write your address here.
住む：広い 家に 住みたいです。 I want to live in a big house.

25 ☆☆ 5

名

音 メイ
訓 な

→ p.55 有名、有名人

6画 ノ ク ク 夕 名 名

名前 なまえ ［name／姓名／이름／tên, quý danh］

名前：あなたの お名前は 漢字で どう 書きますか。
How do you write your name in *kanji*?

8 生活（人・季節・時間・位置） Unit 1 練習問題

（解答 ⇨ 別冊 p.12）

もんだい1 　1〜4の えの ことばは どれですか。【 】から えらんで、_____に かいて ください。

1　2　3　4

_____　_____　_____　_____

【 鳥　　犬　　女の人　　男の人 】

もんだい2 　1〜4の ことばは ひらがなで どう かきますか。——を かいて ください。

1　村長　・　　　・　ア　おにいさん　one's brother

2　町長　・　　　・　イ　おとうさん　one's father

3　お父さん　・　・　ウ　ちょうちょう　a town mayor

4　お兄さん　・　・　エ　そんちょう　a village mayor

もんだい3 　どう よみますか。□に ひらがなを ひとつ かいて ください。

1　お姉さん
　　お　□　□　さ　ん

2　住所
　　□　□　□　□　□

3　外国人
　　□　□　□　□　□　□

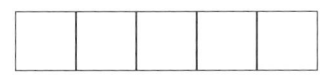

4　両親
　　□　□　□　□　□

もんだい4 つぎの ぶんの ＿＿＿の かんじの よみかたは まちがって います。ただしく なおして ください。

1. <u>主人</u>は 教会で 働いて おります。
   <u>しゅうじん</u>は きょうかいで はたらいて おります。

2. 自分の <u>国</u>と 外国では 習かんが ちがいます。
   じぶんの <u>にく</u>と がいこくでは しゅうかんが ちがいます。

3. マイクさんは <u>兄弟</u>が 五人 います。
   マイクさんは <u>きょうたい</u>が ごにん います。

4. <u>私</u>は 動物の なかで 鳥が いちばん 好きです。
   <u>わだし</u>は どうぶつの なかで とりが いちばん すきです。

もんだい5 □に かんじを ひとつ かいて ください。

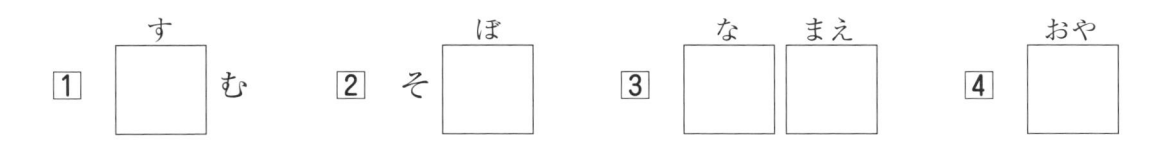

1. □す む   2. そ □ぽ   3. □な □まえ   4. □おや

もんだい6 「する」や 「な」と いっしょに つかえますか。（　）に ○か ×を かいて ください。

1. 家族（かぞく） する（　） な（　）　　2. 国外（こくがい） する（　） な（　）
3. 親切（しんせつ） する（　） な（　）　　4. 区長（くちょう） する（　） な（　）

もんだい7 つぎの ぶんの ＿＿＿の かんじの かきかたは まちがって います。ただしく なおして ください。

1 らいねん 妹(いもうと)は 小学生(しょうがくせい)に なります。

2 父(ちち)は 料理(りょうり)が じょうずですが、毎(はは)は 下手(へた)です。

3 東京(とうきょう)は 具(けん)では ありません。

もんだい8 ほかと ちがう ものを えらんで ○を かいて ください。

1 （ 住　町　子　男 ）　　2 （ 女の人　男せい　女の子　人ぎょう ）

3 （ 町　男　市　村 ）　　4 （ かの女　父　兄　そ父 ）

もんだい9 しつもんに こたえて ください。

> 私は 花子(はなこ)です。家族は 四人です。両親と ア)兄と 私です。
> 父は 市長です。イ)市民の ために 働いて います。兄は アメリカの 大学で 勉強して います。
> 私も 高校を そつ業したら、外国へ 行くつもりです。

1 ア、イの ことばを ひらがなで かいて ください。

　　ア) ＿＿＿＿＿＿＿＿＿＿　イ) ＿＿＿＿＿＿＿＿＿＿

2 花子(はなこ)さんの お兄さんは どこで 勉強して いますか。

3 花子(はなこ)さんは 高校を そつ業したら、なにを するつもりですか。

8 生活(人・季節・時間・位置)
Unit 2

- 26 春 spring
- 27 夏 summer
- 28 秋 fall, autumn
- 29 冬 winter
- 30 暑い hot
- 31 寒い cold
- 32 天気 weather
- 33 雨 rain
- 34 風 wind
- 35 花 flower
- 36 木 tree, wood
- 37 時間 time
- 38 朝 morning
- 39 昼 noon, daytime
- 40 夜 evening, night
- 41 早い early
- 42 午前 morning time
- 43 夕方 evening time
- 44 明るい bright, cheerful
- 45 暗い dark, gloomy

26 ☆☆ **春** 音 ― 訓 はる	4	9画	一 一 三 声 夫 夫 春 春 春
		春 はる [spring／春／봄／mùa xuân] 春休み はるやすみ [spring vacation／春假／봄방학／nghỉ xuân]		
		春：春に 花見を するのが 楽しみです。 I'm looking forward to cherry blossom viewing in the spring. 春休み：大学の 春休みは とても 長い。 The spring vacation at university is very long.		
27 ☆ **夏** 音 ― 訓 なつ	4	10画	一 一 丆 丆 万 百 百 頁 夏 夏
		夏 なつ [summer／夏／여름／mùa hạ, mùa hè] 夏休み なつやすみ [summer vacation／暑假／여름방학／nghỉ hè]		
		夏：今年の 夏は とても 暑い。 It is very hot this summer. 夏休み：夏休みは どんな よていですか。 What plans do you have for summer vacation?		
28 ☆ **秋** 音 ― 訓 あき	4	9画	ノ 二 千 千 禾 禾 禾 秋 秋
		秋 あき [fall, autumn／秋／가을／mùa thu] 秋田県 あきたけん [Akita Prefecture／秋田県／아키타 현／켄／Tỉnh Akita]		
		秋：一年で 秋が いちばん 好きです。 Fall is my favorite season.		
29 ☆ **冬** 音 ― 訓 ふゆ	4	5画	ノ ク 夂 冬 冬
		冬 ふゆ [winter／冬／겨울／mùa đông] 冬休み ふゆやすみ [winter vacation／寒假／겨울방학／nghỉ đông]		
		冬：去年の 冬は ゆきが 少なかった。 There was little snow last winter. 冬休み：冬休みには 入試の 勉強を します。 I will study for my entrance examination during winter vacation.		
30 ☆ **暑** 音 ― 訓 あつ・い	4	12画	ノ 口 日 日 旦 早 星 昇 昇 暑 暑 暑
		暑い あつい [hot／热／덥다／nóng] 暑さ あつさ [heat／热度／더위／độ nóng]		
		暑い：暑くて、すぐに のどが かわく。 It's so hot, I got thirsty quickly. 暑さ：たいへんな 暑さで、具合が 悪く なった。 I started to feel ill because of the extreme heat.		

31 ☆ 寒 (4)

音 —
訓 さむ・い

| 12画 | 丶丶宀宀宀宊宊寒寒寒寒寒 |

寒い さむい [cold／冷／춥다／lạnh]
寒さ さむさ [cold／冷／추위／độ lạnh]

寒い：今朝は 特に 寒いですね。 It's especially cold this morning.
寒さ：日本の 冬の 寒さには もう なれた。 I have grown used to the winter cold in Japan.

32 ☆☆ 天 (5)

音 テン
訓 —

| 4画 | 一二于天 |

天気 てんき [weather／天气／날씨／thời tiết]
天気よほう てんきよほう [a weather forecast／天气预报／일기예보／dự báo thời tiết]

天気：今日は いい 天気ですね。 The weather is nice today, isn't it?
天気よほう：毎朝 天気よほうを 見てから、家を 出る。
Every morning, I always check the weather forecast before I leave the house.

33 ☆ 雨 (5)

音 —
訓 あめ

| 8画 | 一厂厂币币雨雨雨 |

雨 あめ [rain／雨／비／mưa]
大雨 おおあめ [heavy rain／大雨／큰비／mưa to]

雨：朝から ずっと 雨が ふって います。 It's been raining since morning.
大雨：午後から 大雨に なるらしいです。 It seems that it will rain heavily this afternoon.

34 ☆☆ 風 (4)

音 フウ
訓 かぜ

| 9画 | ノ几几凡凡凨凨風風 |

風 かぜ [wind／风／바람／gió]
台風 たいふう [a tayphoon／台风／태풍／bão]

風：気持ちの いい 風が ふいて きた。 There's a nice breeze blowing.
台風：台風は 夏と 秋に 多い。 There are many typhoons in the summer and fall.

35 ☆ 花 (5)

音 カ
訓 はな

| 7画 | 一十艹艹艹芝花花 |

花 はな [a flower／花／꽃／hoa]
花びん かびん [a flower vase／花瓶／꽃병／bình hoa]
花見 はなみ [cherry blossom viewing／看花／꽃놀이／ngắm hoa]

花：友だちの たん生日に 花を プレゼントした。 I gave my friend flowers for her birthday.
花びん：テーブルの 上に 花びんを おきました。 I placed the flower vase on the table.

8 生活

36 木

音 モク
訓 き

4画 一 十 オ 木

木 き [a tree, wood／树／목／cây]
木曜日 もくようび [Thursday／周四／목요일／thứ năm]
木村さん きむらさん [Kimura-san(surname)／木村／기무라 씨／Anh/chị Kimura]

木：台風で 木が たおれた。 The tree fell down in the typhoon.
木曜日：木曜日には 英語の 試験が ある。 I have an English test on Thursday.

37 時

音 ジ
訓 とき

10画 丨 冂 冂 日 日⁻ 日⁺ 旪 旪 時 時

時間 じかん [time／时间／시간／thời gian]
時どき ときどき [sometimes／有时／가끔／thỉnh thoảng]
何時 なんじ [what time／几点／몇시／mấy giờ?]

時間：いそがしくて、あそびに 行く 時間が ありません。
I'm so busy I have no time to have fun.
時どき：タムさんは 時どき 学校に おくれて 来ます。
Tam-san sometimes comes to school late.

38 朝

音 —
訓 あさ

12画 一 十 艹 古 古 吉 直 卓 朝 朝 朝 朝

朝 あさ [morning／早晨／아침／buổi sáng]
今朝* けさ [this morning／今晨／오늘아침／sáng nay]
毎朝 まいあさ [every morning／每天早晨／매일아침／mỗi sáng]

朝：朝は いつも パンを 食べます。 I always eat bread in the morning.
今朝*：今朝 六時に 起きました。 I woke up at six o'clock this morning.

39 昼

音 —
訓 ひる

9画 フ 一 尸 尺 尺 尽 昃 昼 昼

昼 ひる [noon, daytime／中午／낮／buổi trưa]
昼休み ひるやすみ [a lunch break／午休／점심시간／nghỉ trưa]

昼：すみません、今日の 昼 少し 時間が ありますか。
Excuse me, but do you have some time this afternoon?
昼休み：昼休みに 銀行へ 行きます。 I will go to the bank during my lunch break.

40 夜

音 ヤ
訓 よる

8画 ' 亠 亠 产 产 夜 夜 夜

夜 よる [evening, night／晚上／밤／buổi tối]
今夜 こんや [tonight, this evening／今夜／오늘밤／tối nay]

夜：夜 いつも 何時に ねますか。 What time do you go to bed at night?
今夜：明日は テストなので、今夜は ずっと 勉強します。
I have an exam tomorrow so I will study all evening.

41 ☆☆ **早** 音 — 訓 はや・い	6画	丨 冂 ⺼ 日 旦 早
	早い はやい ［early／早／빠르다／sớm］	
	早い：母は いつも 朝 早く 起きます。 My mother always gets up early in the morning.	

42 ☆ **午** 音 ゴ 訓 —	4画	ノ ⺅ 二 午
	午前 ごぜん ［morning time (a.m.)／上午／오전／buổi sáng］ 午後 ごご ［afternoon time (p.m.)／下午／오후／sau 12 giờ trưa］	
	午前：明日の 午前九時に は医者の よやくを しました。 I made an appointment with the dentist for nine o'clock tomorrow morning. 午後：今日は 午後から アルバイトが あります。 I have my part-time job this afternoon.	

43 ☆ **夕** 音 — 訓 ゆう	3画	ノ ク 夕
	夕方 ゆうがた ［evening time／傍晚／저녁／xế chiều］ 夕べ ゆうべ ［last night／昨晚／어젯밤／tối hôm qua］ 夕飯 ゆうはん ［dinner／晚饭／저녁식사／bữa tối］	
	夕方：夕方 すずしく なってから、でかけましょう。 Let's go out at night when it gets cooler. 夕べ：夕べ 友だちと ご飯を 食べました。 I had dinner with a friend last night.	

44 ☆☆ **明** 音 メイ 訓 あか・るい → p.77 説明、説明書	8画	丨 冂 ⺼ 日 日) 明 明 明
	明るい あかるい ［bright, cheerful／明亮／밝다／sáng sủa］ 明日* あした・あす ［tomorrow／明天／내일／ngày mai］	
	明るい：明るいので、電気は 消しましょう。 It's bright outside so let's turn off the light. 明日*：明日は 仕事が 休みなので、あそびに 行きます。 I have a day off from work tomorrow so I will go have fun.	

45 ☆ **暗** 音 — 訓 くら・い	13画	丨 冂 ⺼ 日 日' 旷 旷 旷 昁 晧 暗 暗 暗
	暗い くらい ［dark, gloomy／昏暗／어둡다／tối tăm］	
	暗い：まだ 午後四時なのに、もう 外は 暗いですね。 Even though it's only four o'clock in the afternoon, it's already dark outside.	

8 生活

8 生活（人・季節・時間・位置） Unit 2 練習問題

（解答 ⇨ 別冊 p.12～13）

もんだい1 ①～④の えの ことばは どれですか。【 】から えらんで、＿＿＿に かいて ください。

① ② ③ ④

【 木　花　冬　風 】

もんだい2 ①～④の ことばは ひらがなで どう かきますか。――を かいて ください。

① 花見　　・　　・　ア　はるやすみ　spring vacation

② 今朝　　・　　・　イ　なつやすみ　summer vacation

③ 春休み　・　　・　ウ　けさ　this morning

④ 夏休み　・　　・　エ　はなみ　cherry blossom viewing

もんだい3 どう よみますか。□に ひらがなを ひとつ かいて ください。

① 今夜

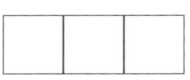

② 夕方

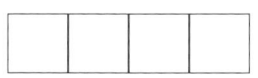

③ 大雨

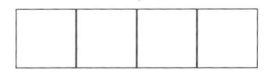

もんだい4 つぎの ぶんの ＿＿＿の かんじの よみかたは まちがって います。ただしく なおして ください。

① <u>木曜日</u>は 試験の 勉強を しなければ なりません。

　　<u>もくよび</u>は しけんの べんきょうを しなければ なりません。

② 家に 帰ってから、弟と <u>2時間</u> ゲームを しました。

　　いえに かえってから、おとうとと <u>にちかん</u> ゲームを しました。

③ らいしゅう <u>台風</u>が 来るそうです。

　　らいしゅう <u>たいふん</u>が くるそうです。

もんだい5 □に かんじを ひとつ かいて ください。

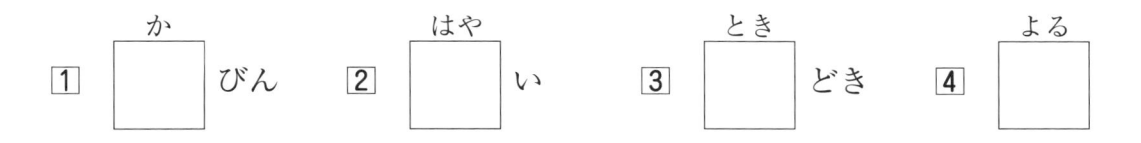

① □<small>か</small>びん　② □<small>はや</small>い　③ □<small>とき</small>どき　④ □<small>よる</small>

もんだい6 つぎの ぶんの ＿＿＿の かんじの かきかたは まちがって います。ただしく なおして ください。

① <u>秋</u>は おいしい 食べ物が 多く なります。

② <u>昼</u> 何も 食べませんでした。

③ 午後から ずっと <u>夫</u>気が 悪かった。

もんだい7 ほかと ちがう ものを えらんで ○を かいて ください。

① (午後　風　朝　夕方)　　② (明日　寒い　木　冬休み)

③ (春　雨　夏　冬)

もんだい8 はんたいの ことばを かいて ください。

① 寒い ⇔ (　　　　　)　　② 午後 ⇔ (　　　　　　　)

③ 明るい ⇔ (　　　　　　)

もんだい9 しつもんに こたえて ください。

> 　　土曜日　家族で　花見に　行きました。ア）朝は　大雨でしたが、でかける　ときは　やみました。花を　見ながら、ご飯を　食べました。たくさん　食べたので、イ）夕飯は　食べられませんでした。

① ア、イの ことばを ひらがなで かいて ください。

　ア）＿＿＿＿＿＿＿＿＿＿　　イ）＿＿＿＿＿＿＿＿＿＿

② 土曜日　なにを　しましたか。

③ 花を　見ながら、なにを　しましたか。

8 生活(人・季節・時間・位置)
Unit 3

46 今 now

47 今日 today

48 先月 last month

49 正月 New Year

50 今度 now, this time

51 去年 last year

52 来年 next year

53 半年 half a year

54 毎日 every day

55 日曜日 Sunday

56 来週 next week

57 上 up, above, top

58 左 left

59 中 middle, inside

60 右 right

61 下 down, below, under

62 後ろ behind

63 真ん中 middle, center

64 間 between, during, among

65 前 before, previous, in front of

46 ☆☆ 5 今

4画 ノ 人 𠆢 今

音 コン
訓 いま

今 いま [now／現在／지금／bây giờ]
今週 こんしゅう [this week／本周／이번주／tuần này]
今月 こんげつ [this month／本月／이번달／tháng này]

今：すみません、今 何時ですか。 Excuse me, what time is it now?
今週：今週から 夏休みが 始まります。 Summer vacation starts this week.

47 ☆☆ 5 日

4画 丨 冂 冃 日

音 ニチ、ジツ
訓 ひ、か
→p.115 休日
p.27~28 二日~十日
二十日

今日* きょう [today／今天／오늘／hôm nay]
たん生日 たんじょうび [birthday／生日／생일／sinh nhật]
日本 にほん・にっぽん [Japan／日本／일본／Nhật Bản]

今日*：今日は アルバイトは 休みです。 Today I have a day off from my part-time job.
たん生日：私の たん生日パーティーに ぜひ 来て ください。
Please come to my birthday party.

48 ☆☆ 5 月

4画 丿 冂 月 月

音 ゲツ、ガツ
訓 つき

先月 せんげつ [last month／上个月／지난달／tháng trước]
～月 ～がつ [～ month (month name)／～月／～월／tháng ～]
月 つき [moon／月／달／Trăng]

先月：先月は 少し お金が 足りなかった。 Last month I didn't have enough money.
～月：日本の 学校は 四月から 始まります。 Japanese schools start in April.

49 ☆☆ 4 正

5画 一 丅 下 下 正

音 ショウ
訓 ただ・しい

正月 しょうがつ [New Year／正月／정월／설날／tết]
正しい ただしい [correct, right, proper／正确的／올바르다／옳다／chính xác]

正月：正月も 仕事が あります。 I also have to work on New Year's.
正しい：正しい 答えを えらんで ください。 Please choose the correct answer.

50 ☆☆ 4 度

9画 丶 亠 广 广 庐 庐 庐 度 度

音 ド
訓 —

今度 こんど [this time, next time／下次／다음에／lần này, lần sau]
一度 いちど [one time／一次／한번／một lần]
～度 ～ど [～ degree, time／～次／～도／～ lần]

今度：今度 いっしょに 海へ 行きましょう。 Next time, let's go to the ocean together.
一度：インドネシアへ 一度 行った ことが あります。 I went to Indonesia once.

8 生活

51 ☆	4	5画	一十土去去
去		去年 きょねん [last year／去年／작년／năm ngoái]	
音 キョ 訓 ―		去年：去年まで ベトナムに 住んで いました。 Until last year I was living in Vietnam.	

52 ☆☆	5	6画	ノ ⺅ ⺅ 二 午 年
年		来年 らいねん [next year／明年／내년／năm sau] 今年* ことし [this year／今年／올해／năm nay] さ来年 さらいねん [the year after next／后年／다음다음 해 / 후년／năm sau nữa]	
音 ネン 訓 とし		来年：来年 フランスへ 行く つもりです。 I plan to go to France next year. 今年*：今年 日本へ 来ました。 I came to Japan this year.	

53 ☆☆	5	5画	丶 丷 ⺷ 半
半		半年 はんとし [half a year／半年／반년／nửa năm] 半分 はんぶん [half／一半／절반／một nửa] ～半 ～はん [～ half／～半／～반／năm ～]	
音 ハン 訓 ―		半年：デパートで 半年 アルバイトを して いました。 　　　I worked at a department store for half a year. 半分：この 本は まだ 半分しか 読んで いません。 I've only read half of this book.	

54 ☆	5	6画	ノ ⺅ 𠂉 𠂉 毋 每
毎		毎日 まいにち [every day／每天／매일／mỗi ngày] 毎年 まいとし・まいねん [every year／每年／매년／mỗi năm] 毎回 まいかい [every time, each time／每次／매번／mỗi lần]	
音 マイ 訓 ―		毎日：そ父は 毎日 こうえんを さん歩して いる。 　　　My grandfather takes a walk in the park every day. 毎年：毎年 十二月は 仕事が いそがしくなる。 My work is very busy 　　　　　　　　　　　　　　　　　　　　　　　in December every year.	

55 ☆	4	18画	丨 冂 冂 日 日⁻ 日⁺ 日⁺ 日⁺⁻ 日⁺⁺ 日⁺⁺ 日⁺⁺⁻ 时 昭 晔 曜 曜 曜 曜
曜		日曜日 にちようび [Sunday／周日／일요일／chủ Nhật] 月曜日 げつようび [Monday／周一／월요일／thứ hai] 何曜日 なんようび [what day (of the week)／周几／무슨요일／thứ mấy?]	
音 ヨウ 訓 ―		日曜日：日曜日は 家で ゆっくり 休みます。 On Sundays I relax at home. 月曜日：月曜日は 元気が ない 人が 多い。 　　　　On Mondays many people are not very energetic.	

8 生活

56 ☆ 週 (5)

音 シュウ
訓 ―

11画 ノ 几 月 冂 冃 用 周 周 `周 调 週

来週 らいしゅう [next week／下周／다음주／tuần sau]
先週 せんしゅう [last week／上周／지난주／저번주／tuần trước]
〜週間 〜しゅうかん [weeks／〜周／〜주간／〜 tuần lễ]

来週：来週の 土曜日 つりに 行く よていだ。 I'm planning to go fishing next Saturday.
先週：先週は テストや しゅく題が 多くて、つかれました。
Last week I had many tests and a lot of homework so I am tired.

57 ☆☆ 上 (5)

音 ジョウ
訓 うえ、うわ
  あげる、あがる
→ p.39 上着

3画 丨 卜 上

上 うえ [up, above, top／上／위／trên]
上手ナ* じょうず [skillful, good at／熟练的／잘하는／giỏi giang]
上がる あがる [to rise, to climb up／上／오르다／tăng lên, mọc lên]

上：つくえの 上を きれいに して ください。 Please clean the top of your desk.
上手*：兄は ギターが 上手です。 My older brother is good at playing the guitar.

58 ☆☆ 左 (5)

音 ―
訓 ひだり

5画 一 ナ 左 左 左

左 ひだり [left／左／왼쪽／bên trái]
左手 ひだりて [left hand／左手／왼쪽손／tay trái]
左足 ひだりあし [left leg(foot)／左脚／왼쪽발／chân trái]

左：この 写真の あなたの 左の 人は だれですか。
Who is the person to your left in the photograph?
左手：私は 左手でも 字が 書ける。 I can also write with my left hand.

59 ☆☆ 中 (5)

音 チュウ
訓 なか

4画 丨 冂 口 中

中 なか [middle, inside／中,里面／중／안／속／ở giữa]
中学校 ちゅうがっこう [a junior high school, a middle school (grades 7-9)／初中／중학교／trường trung học cơ sở]
中国 ちゅうごく [China／中国／중국／Trung Quốc]

中：ポケットの 中の ものを 出してから、洗たくします。
I'll wash this after I empty the pockets.
中学校：ここは 私が 通って いた 中学校です。 Here is the juinior high school
I went to.

60 ☆☆ 右 (5)

音 ―
訓 みぎ

5画 ノ ナ 才 右 右

右 みぎ [right／右／오른쪽／bên phải]
右手 みぎて [right hand／右手／오른손／tay phải]
右足 みぎあし [right leg (foot)／右脚／오른발／chân phải]

右：つぎの かどを 右に まがって ください。 Turn right at the next corner.
右手：右手に けがを したので、とても 不便だ。
I injured my right hand so it was very inconvenient.

8 生活

61 ☆☆ 下

音 カ
訓 した、さ・げる、さ・がる

5 | **3画** 一丁下

- 下 した [down, below, under／下／아래／하／ở dưới]
- ろう下 ろうか [a hallway, a corridor／走廊／복도／hành lang]
- 下がる さがる [to go down, to fall／下降／떨어지다／내리다／giảm, hạ]

下：めがねは ハンカチの 下に ありますよ。 Your glasses are under your handkerchief.
ろう下：ろう下を 走らないで ください。 Please don't run in the hallway.

62 ☆☆ 後

音 ゴ
訓 うし・ろ、あと

5 | **9画** ノ ク イ 彳 彳 ㄞ 徉 後 後

- 後ろ うしろ [behind／后／뒤／phía sau]
- 最後 さいご [last／最后／최후／마지막／cuối cùng]
- 後 あと [later, after／后面, 以后／뒤／후／sau, sau khi]

後ろ：シャツの 後ろが よごれて いますよ。 The back of your shirt is dirty.
最後：最後に 一つ 質問が あります。 Finally, I have one question.

63 ☆☆ 真

音 シン
訓 ま
→ p.102 写真

4 | **10画** 一 十 广 广 古 肖 育 直 直 真

- 真ん中 まんなか [middle, center／正中／가운데／chính giữa]
- 真っすぐ ノ・ナ まっすぐ [straight, straightforward／一直的／똑바른／로／chân thật, ngay thẳng]

真ん中：にわの 真ん中に 大きな 池が あります。
  There is a pond in the middle of the garden.
真っすぐ：この 道を 真っすぐ 行くと、図書館が あります。
  If you go straight along this street, there is a library.

64 ☆☆ 間

音 カン
訓 あいだ、ま

5 | **12画** 丨 冂 冂 冂 冂 門 門 門 門 間 間 間

- 間 あいだ [between, during, among／间／사이／giữa, trung gian]
- 昼間 ひるま [daytime／白天／낮／buổi trưa]
- ～時間 ～じかん [～ hours／几小时／～시간／～ tiếng]

間：弟は 父と 母の 間に すわって います。
  My little brother is sitting between my mom and dad.
昼間：ねるのが おそいので、昼間は いつも ねむい。 I go to bed late so I am always sleepy during the day.

65 ☆☆ 前

音 ゼン
訓 まえ
→ p.155 午前

5 | **9画** 丶 丷 屶 屵 前 前 前 前 前

- 前 まえ [before, previous, in front of／前, 以前／앞／전／trước, phía trước]
- この前 このまえ [before this／此前／요전／trước đây]

前：大学の 前に 大きな 本屋が ある。 There is a big bookstore in front of the university.
この前：この前 会った ときは かみが 長かったのに、今は 短く なりましたね。
  The last time I saw you, your hair was long, but it is short now.

8 生活（人・季節・時間・位置） Unit 3 練習問題

（解答 ⇨ 別冊 p.13）

もんだい1　①～④の えの ことばは どれですか。【 】から えらんで、_____に かいて ください。

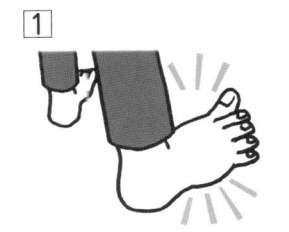

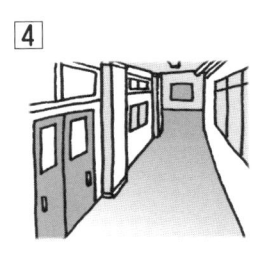

①　②　③　④

_____　_____　_____　_____

【　ろう下　　月　　右手　　右足　】

もんだい2　①～④の ことばは ひらがなで どう かきますか。――を かいて ください。

① 今年　　・　　　　・　ア　まいかい　every time

② 来年　　・　　　　・　イ　らいねん　next year

③ 毎日　　・　　　　・　ウ　ことし　this year

④ 毎回　　・　　　　・　エ　まいにち　every day

もんだい3　どう よみますか。□に ひらがなを ひとつ かいて ください。

① 何曜日

② 先月

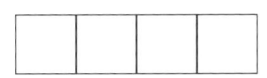

③ 今週

④ 今日

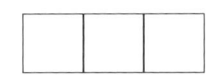

もんだい4 つぎの ぶんの ＿＿＿の かんじの よみかたは まちがって います。ただしく なおして ください。

① <u>今度</u> いっしょに 山へ 行きませんか。

　<u>こんどう</u>　いっしょに　やまへ　いきませんか。

② <u>正月</u>も 仕事が あるので、休めません。

　<u>せいがつ</u>も　しごとが　あるので、やすめません。

③ 私は <u>中国</u>の 会社で 働いて います。

　わたしは　<u>ちゅんごく</u>の　かいしゃで　はたらいて　います。

もんだい5 □に かんじを ひとつ かいて ください。

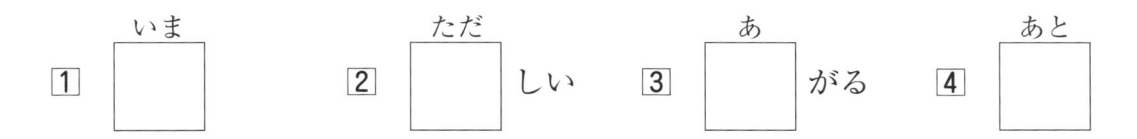

① □(いま)　② □(ただ)しい　③ □(あ)がる　④ □(あと)

もんだい6 「する」や「な」と いっしょに つかえますか。（ ）に ○か ×を かいて ください。

① 中学校(ちゅうがっこう)　する（　）な（　）　② 上手(じょうず)　する（　）な（　）

③ 最後(さいご)　する（　）な（　）

もんだい7 つぎの ぶんの ＿＿＿の かんじの かきかたは まちがって います。ただしく なおして ください。

1. 本屋と 銀行の <u>問</u>に スーパーが あります。
2. 部屋の <u>真</u>ん中に 大きな いすが あります。
3. <u>公年</u>の 春休みに 工場で アルバイトを しました。

もんだい8 はんたいの ことばを かいて ください。

1. 下 ⇔ （　　　　） 2. 右 ⇔ （　　　　） 3. 後ろ ⇔ （　　　　　）

もんだい9 しつもんに こたえて ください。

> これは マリアさんの ア）<u>たん生日</u>の 写真です。マリアさんは 花を 持って います。マリアさんの 後ろに 森さんが います。マリアさんの 右に ジョンさんが いますが、顔が イ）<u>半分</u>しか うつって いません。

1. ア、イの ことばを ひらがなで かいて ください。

   ア）＿＿＿＿＿＿＿＿＿　　イ）＿＿＿＿＿＿＿＿

2. マリアさんは なにを 持って いますか。

3. ジョンさんは どこに いますか。

8 生活（人・季節・時間・位置） 試験模擬問題

（解答 ⇨ 別冊 p.13～14）

もんだい1 ＿＿＿＿＿の ことばは ひらがなで どう かきますか。
1・2・3・4から いちばん いい ものを ひとつ えらんで ください。

1　お姉さんは　かいしゃいんですか。

　　1　おにいさん　　2　おかあさん　　3　おねえさん　　4　おあねさん

2　あついので、昼間は　でかけません。

　　1　ひるま　　　　2　ひるかん　　　3　ちょうかん　　4　ひるあいだ

3　あなたの　住所は　これで　いいですか。

　　1　じゅうじょ　　2　じゅうしょ　　3　じゅんしょ　　4　じょうしょ

4　去年　日本へ　来ました。

　　1　きょうねん　　2　きゅうねん　　3　きょねん　　　4　きゅねん

5　暗いので、電気を　つけましょう。

　　1　くろい　　　　2　くるい　　　　3　ふるい　　　　4　くらい

6　木曜日は　テストが　二つ　ある。

　　1　きようび　　　2　もくようび　　3　もくよんび　　4　もくよび

7　弟は　あさ　いつも　おそく　おきる。

　　1　おとおと　　　2　おとんと　　　3　おとと　　　　4　おとうと

もんだい2　＿＿＿＿＿の　ことばは　どう　かきますか。1・2・3・4から　いちばん　いい　ものを　ひとつ　えらんで　ください。

① 木に　とりが　とまって　います。
　　1　魚　　　　2　烏　　　　3　鳥　　　　4　島

② ごごは　アルバイトが　あります。
　　1　牛後　　　2　牛語　　　3　午語　　　4　午後

③ こうえんで　おんなのこが　あそんで　います。
　　1　女の子　　2　男の子　　3　女の人　　4　男の人

④ ジェーンさんの　いえに　いぬが　います。
　　1　太　　　　2　大　　　　3　犬　　　　4　尤

⑤ 今日は　かぜが　つよい。
　　1　凧　　　　2　風　　　　3　凪　　　　4　風

⑥ ここは　にぎやかな　まちだ。
　　1　村　　　　2　県　　　　3　市　　　　4　町

⑦ あさ　パンを　食べました。
　　1　期　　　　2　朝　　　　3　韓　　　　4　朝

⑧ わたしは いつも かぞくの しゃしんを もって います。

1　家族　　　　2　家族　　　　3　家旅　　　　4　家施

もんだい3　（　　）に なにを いれますか。1・2・3・4から いちばん いい ものを ひとつ えらんで ください。

① へやで （　　）が ねて います。

1　にんぎょう　2　かびん　　　3　とりにく　　4　こいぬ

② ここを （　　）行って、二つめの かどを みぎに まがって ください。

1　まんなか　　2　まいかい　　3　まっすぐ　　4　まいにち

③ トニーさんは 日本語を （　　）話せます。

1　じょうずに　2　しんせつに　3　たいせつに　4　べんりに

④ わたしは （　　）が 二人 います。

1　あめ　　　　2　あに　　　　3　あき　　　　4　あし

⑤ （　　）に はなみに 行きました。

1　きょう　　　2　はるやすみ　3　あした　　　4　らいしゅう

⑥ いけの （　　）に 魚が たくさん いる。

1　なか　　　　2　そと　　　　3　うえ　　　　4　した

7 (　　) は　わたしより　3さい　下だ。

1　はは　　　　　2　そぼ　　　　　3　あね　　　　　4　いもうと

もんだい4 ＿＿＿＿＿＿＿の　ぶんと　だいたい　おなじ　いみの　ぶんが　あります。1・2・3・4から　いちばん　いい　ものを　ひとつ　えらんで　ください。

1　しゅじんは　ぎんこうで　はたらいて　います。

1　つまは　ぎんこうで　はたらいて　います。

2　かないは　ぎんこうで　はたらいて　います。

3　おっとは　ぎんこうで　はたらいて　います。

4　父は　ぎんこうで　はたらいて　います。

2　わたしは　ときどき　えいがを　見ます。

1　わたしは　いつも　えいがを　見ます。

2　わたしは　たまに　えいがを　見ます。

3　わたしは　よく　えいがを　見ます。

4　わたしは　どんどん　えいがを　見ます。

3　あしたから　いっしゅうかん　休みます。

1　あしたから　いつかかん　休みます。

2　あしたから　ようかかん　休みます。

3　あしたから　なのかかん　休みます。

4　あしたから　いっかげつ　休みます。

4 きょうは　わたしの　たんじょうびです。

1　きょうは　わたしの　しゅっぱつした　日です。

2　きょうは　わたしの　でかけた　日です。

3　きょうは　わたしの　出た　日です。

4　きょうは　わたしの　生まれた　日です。

5 ゆうべは　なにも　食べなかった。

1　きのうの　よるは　なにも　食べなかった。

2　きのうの　ひるは　なにも　食べなかった。

3　きのうの　あさは　なにも　食べなかった。

4　きょうの　ばんは　なにも　食べなかった。

6 マイクさんは　山田さんの　うしろに　います。

1　山田さんは　マイクさんの　ひだりに　います。

2　山田さんは　マイクさんの　となりに　います。

3　山田さんは　マイクさんの　まえに　います。

4　山田さんは　マイクさんの　みぎに　います。

もんだい5 つぎの ことばの つかいかたで いちばん いい ものを 1・2・3・4から ひとつ えらんで ください。

1 てんき

1 今日の てんきは とても 高いです。

2 きのうは いい てんきでした。

3 今日は とても てんきですね。

4 明日は さむい てんきらしいです。

2 こんど

1 こんど フランスに 行った ことが あります。

2 こんど えいがを 見に 行きません。

3 こんど いっしょに ばんごはんを 食べましょう。

4 こんど そらが とても くらいです。

3 たいふう

1 ことしは たいふうが よく ふきます。

2 来週 たいふうが 来るらしいです。

3 もう たいふうが やみました。

4 大きな たいふうが ふりました。

4 すむ

1 大川(おおかわ)さんは どこに すんで いますか。

2 マリアさんは ホテルに 三日 すんで います。

3 わたしは 毎日 げんきに すんで います。

4 父は 9時まで ずっと 会社に すんで います。

5 あかるい

1 あかるい えんぴつを 買った。

2 ぜんぜん ねて いないので、目が あかるい。

3 あかるい しょくじを しよう。

4 こんやは つきが とても あかるい。

6 じかん

1 わたしは じかんを たくさん もって います。

2 毎日 多い じかんが あります。

3 今 ぜんぜん じかんが ありません。

4 きのうは じかんが とても いそがしかったです。

N5 試験模擬問題

(解答 ⇨ 別冊 p.14)

もんだい1 ＿＿＿の ことばは ひらがなで どう かきますか。
1・2・3・4から いちばん いい ものを ひとつ えらんで ください。

1 その 白い ふくを みせて ください。

  1 あおい　　　2 あかい　　　3 くろい　　　4 しろい

2 この ペンは 百円です。

  1 いちひゃくえん　　　　2 ひゃくえん
  3 いっぴゃくえん　　　　4 いちびゃくえん

3 あそこに 女の子が たって います。

  1 おんなのこ　　2 おんなのひと　　3 おとこのこ　　4 おとこのひと

4 リーさんの お父さんは だいがくの せんせいです。

  1 おとうさん　　2 おとおさん　　3 おとうとさん　　4 おとさん

5 この スーパーは とても 安いです。

  1 やさい　　　2 やさしい　　　3 やすい　　　4 やそい

6 まいにち いい 天気です。

  1 ていき　　　2 てんき　　　3 てんきい　　　4 てんぎ

7 わたしの きょうだいは 四人です。
   1 よんにん   2 ようにん   3 よにん   4 しにん

8 この にくは すこし 古いです。
   1 ふろい   2 わるい   3 わろい   4 ふるい

9 今月から アルバイトを はじめました。
   1 こんがつ   2 こんけつ   3 こんげつ   4 こんつき

10 きょうの 午後は じゅぎょうが ありません。
   1 ごこ   2 ごごう   3 こご   4 ごご

11 五分だけ やすみましょう。
   1 ごうふん   2 ごぶん   3 ごふん   4 ごぷん

もんだい2 ＿＿＿＿の ことばは どう かきますか。1・2・3・4から いちばん いい ものを ひとつ えらんで ください。

1 きょうしつに はいって ください。
   1 人って   2 八って   3 入って   4 イって

2 ひがしの そらが あかるく なりました。
   1 東   2 車   3 束   4 西

3 きょうは しゅくだいが おおいです。
  1 大い   2 太い   3 夕い   4 多い

4 あした がっこうを やすんでも いいですか。
  1 休んで   2 体んで   3 休んで   4 体んで

5 おじさんから いちまんえん もらいました。
  1 一方円   2 一千円   3 一万円   4 一力円

6 たばこは へやの そとで すって ください。
  1 名   2 外   3 内   4 中

7 リーさんは らいねん くにへ かえります。
  1 困   2 囯   3 国   4 國

8 あしたは 五月ここのかです。
  1 六日   2 三日   3 九日   4 几日

9 わたしは ともだちが ほしいです。
  1 皮だち   2 及だち   3 反だち   4 友だち

10 かばんから にもつを だしました。
  1 台しました 2 山しました 3 出しました 4 田しました

11 わたしは おかねが ありません。

1 お全　　2 お会　　3 お金　　4 お今

もんだい3　（　　）に なにを いれますか。1・2・3・4から いちばん いい ものを ひとつ えらんで ください。

1 この レストランは （　　）ですが、おいしく ないです。

1 ながい　　2 ふとい　　3 ひくい　　4 たかい

2 せんせいの はなしを よく （　　）。

1 ききましょう　2 よみましょう　3 いきましょう　4 みましょう

3 つよい （　　）が ふいて います。

1 あめ　　2 ゆき　　3 かぜ　　4 くもり

4 ここに なまえを （　　） ください。

1 かって　　2 かいて　　3 きって　　4 きいて

5 （　　）が わるいので、めがねを かけて います。

1 て　　2 くち　　3 みみ　　4 め

6 デパートで ぼうしを （　　）。

1 かけました　2 かきました　3 あいました　4 かいました

7 はこに ケーキが (　　) はいって います。

1 みっつ
2 むっつ
3 よっつ
4 やっつ

8 テーブルの うえに (　　) が あります。

1 てがみ
2 でんしゃ
3 でんき
4 でんわ

もんだい4 ＿＿＿＿の ぶんと だいたい おなじ いみの ぶんが あります。1・2・3・4から いちばん いい ものを ひとつ えらんで ください。

1 もう おふろを でました。

1 もう おふろに います。
2 まだ おふろに はいって います。
3 まだ おふろに はいって いません。
4 もう おふろに いません。

2 きょうは　七月みっかです。

　1　きのうは　七月はつかでした。

　2　きのうは　七月ふつかでした。

　3　あしたは　七月ようかです。

　4　あさっては　七月むいかです。

3 デパートは　ぎんこうの　みぎに　あります。

　1　デパートは　ぎんこうの　まえに　あります。

　2　デパートは　ぎんこうの　うしろに　あります。

　3　ぎんこうは　デパートの　うえに　あります。

　4　ぎんこうは　デパートの　ひだりに　あります。

4 ここは　えきです。

　1　ここは　くるまに　のる　ところです。

　2　ここは　じてんしゃに　のる　ところです。

　3　ここは　じどうしゃに　のる　ところです。

　4　ここは　でんしゃに　のる　ところです。

5 あしたは　にちようびです。

　1　きょうは　どようびです。

　2　きのうは　もくようびでした。

　3　おとといは　きんようびでした。

　4　あさっては　かようびです。

6　ここは　やおやです。

　1　ここは　にくを　うって　いる　みせです。

　2　ここは　さかなを　うって　いる　みせです。

　3　ここは　やさいを　うって　いる　みせです。

　4　ここは　ほんを　うって　いる　みせです。

7　どようび　しごとは　やすみです。

　1　どようび　しごとは　ありません。

　2　どようび　しごとは　やすみません。

　3　どようび　しごとは　おおいです。

　4　どようび　しごとは　いそがしいです。

8　いま　10じはんです。

　1　いま　10じ20ぷんです。

　2　いま　10じ30ぷんです。

　3　いま　10じ40ぷんです。

　4　いま　10じ10ぷんです。

N4　試験模擬問題

（解答 ⇨ 別冊 p.14）

もんだい１　＿＿＿＿の　ことばは　ひらがなで　どう　かきますか。
1・2・3・4から　いちばん　いい　ものを　ひとつ　えらんで　ください。

① 毎日　発音の　れんしゅうを　します。

　　1　はっおん　　　2　はつおん　　　3　はっおと　　　4　はつおと

② 来月から　しけんが　はじまります。

　　1　らいげつ　　　2　らいがつ　　　3　らいけつ　　　4　らいつき

③ 国の　母の　料理が　食べたいです。

　　1　りょり　　　　2　りょおり　　　3　りゅうり　　　4　りょうり

④ これから　部屋を　そうじします。

　　1　ぶや　　　　　2　ふや　　　　　3　へや　　　　　4　へいや

⑤ その　ふくは　六千円です。

　　1　ろくぜんえん　2　ろくせんえん　3　ろっせんえん　4　むっせんえん

⑥ わたしは　小さい　おとうとの　世話を　して　いる。

　　1　せわ　　　　　2　よわ　　　　　3　せいわ　　　　4　せは

⑦ メールの　最後に　かならず　名前を　書きましょう。

　　1　さいこ　　　　2　さいこう　　　3　さいご　　　　4　さいごう

8 そぼが びょうきで 入院しました。
　1　にょういん　　2　にゅういん　　3　にんいん　　4　にういん

もんだい2 ＿＿＿＿の ことばは どう かきますか。1・2・3・4から いちばん いい ものを ひとつ えらんで ください。

1 いえの 前に 車が とまって います。
　1　正まって　　2　土まって　　3　取まって　　4　止まって

2 つめたい みずを 飲みました。
　1　水　　　　　2　火　　　　　3　木　　　　　4　米

3 とりの こえが きこえます。
　1　音　　　　　2　声　　　　　3　楽　　　　　4　話

4 たんじょうびに かのじょが ケーキを つくって くれた。
　1　使って　　　2　作って　　　3　仕って　　　4　代って

5 あたらしい かばんが ほしいです。
　1　親しい　　　2　新しい　　　3　折しい　　　4　新しい

6 よるでも 外は あかるいですね。
　1　明るい　　　2　明るい　　　3　明るい　　　4　朋るい

7 この 店では おいしい パンを うって います。
1 買って　　　2 完って　　　3 充って　　　4 売って

8 とくに いけんは ありません。
1 待に　　　2 持に　　　3 特に　　　4 侍に

9 なつやすみの けいかくを かんがえて います。
1 計昼　　　2 計直　　　3 計画　　　4 計画

もんだい3 （　　）に なにを いれますか。1・2・3・4から いちばん いい ものを ひとつ えらんで ください。

1 三月に 大学を （　　）します。
1 そつぎょう　2 じゅぎょう　3 にゅういん　4 うんてん

2 （　　）は おんがくを 聞く ことです。
1 きょうみ　　2 しゅみ　　3 すき　　4 きぶん

3 あなたの じしょを （　　）くれませんか。
1 かりて　　2 かって　　3 かいて　　4 かして

4 ちずで （　　）を しらべます。
1 りょこう　　2 じかん　　3 ばしょ　　4 いみ

183

5 ドアを （　　　）　ください。

　1　ついて　　　2　つけて　　　3　あけて　　　4　あいて

6 かれは　ちからが　（　　　）ので、にもつを　たくさん　もてる。

　1　おおい　　　2　おおきい　　3　おもい　　　4　つよい

7 わたしは　バスで　学校に　（　　　）　います。

　1　はしって　　2　かよって　　3　とおって　　4　あるいて

もんだい4 ＿＿＿＿＿の　ぶんと　だいたい　おなじ　いみの　ぶんが　あります。1・2・3・4から　いちばん　いい　ものを　ひとつ　えらんで　ください。

1 これから　しょくじを　します。

　1　これから　ごはんを　つくります。

　2　これから　食べものを　買いに　行きます。

　3　これから　ごはんを　食べます。

　4　これから　食べものを　さがしに　行きます。

2 わたしは　少し　ふとりました。

　1　わたしは　少し　せが　高く　なりました。

　2　わたしは　少し　からだが　おもく　なりました。

　3　わたしは　少し　からだが　かるく　なりました。

　4　わたしは　少し　せが　ひくく　なりました。

3 かのじょの たんじょうびを おもいだせません。
  1 かのじょの たんじょうびを おぼえられません。
  2 かのじょの たんじょうびを わすれられません。
  3 かのじょの たんじょうびを おぼえました。
  4 かのじょの たんじょうびを わすれました。

4 わたしは 友だちが すくないです。
  1 わたしは 友だちを すぐ つくれます。
  2 わたしは 友だちが いません。
  3 わたしは 友だちが おおく ありません。
  4 わたしは 友だちが たくさん います。

5 この こうじょうでは パソコンを せいさんして います。
  1 この こうじょうでは パソコンを つくって います。
  2 この こうじょうでは パソコンを うって います。
  3 この こうじょうでは パソコンを こわして います。
  4 この こうじょうでは パソコンを なおして います。

6 パーティーに しょうたいされました。
  1 「パーティーに よんで ください」と 言われました。
  2 「パーティーに もって いって ください」と 言われました。
  3 「パーティーに いって ください」と 言われました。
  4 「パーティーに きて ください」と 言われました。

もんだい5 つぎの ことばの つかいかたで いちばん いい ものを 1・2・3・4から ひとつ えらんで ください。

1 つごう

1　どようびは　つごうが　あります。

2　ひるやすみは　つごうが　べんりですよ。

3　わたしは　午前が　つごうです。

4　つごうが　いいのは　いつですか。

2 ふとい

1　ふとい　ペンを　買いました。

2　この本は　とても　ふといです。

3　ふとい　たてものを　けんがくしました。

4　リーさんの　かばんは　ふといです。

3 ねっしん

1　母の　ねっしんは　りょこうです。

2　きのう　子どもが　ねっしんを　出しました。

3　学生は　ねっしんに　本を　読んで　います。

4　いえの　ちかくに　びょういんが　あるので、ねっしんです。

4 きぶん

1 この　店は　とても　いい　きぶんだ。

2 休んだら、きぶんが　よく　なった。

3 日本の　えいがに　きぶんが　ある。

4 わたしは　かれに　わるい　きぶんを　もって　いる。

5 りっぱ

1 パーティーの　時間は　とても　りっぱです。

2 大学で　りっぱな　じけんが　ありました。

3 この　たてものは　小さくて　りっぱですね。

4 むすこは　りっぱな　おとなに　なりました。

6 きる

1 ケイさんは　あかい　くつを　きて　います。

2 母は　きれいな　きものを　きて　います。

3 父は　ネクタイを　きて　います。

4 ココさんは　長い　ズボンを　きて　います。

JLPT N4・N5 KANJI

音訓索引
単語索引
漢越語対照一覧

音訓索引

カタカナ＝音読み　ひらがな＝訓読み

読み	漢字	ページ

■あ

読み	漢字	ページ
あいだ	間	163
あ・う	会	91
あ・う	合	94
あお	青	37
あお・い	青	37
あか	赤	37
あか・い	赤	37
あ・がる	上	162
あか・るい	明	155
あき	秋	152
あ・く	開	38
あ・ける	開	38
あ・げる	上	162
あさ	朝	154
あし	足	130
あじ	味	15
あたま	頭	129
あたら・しい	新	55
あつ・い	暑	152
あつ・まる	集	55
あつ・める	集	55
あと	後	163
あに	兄	143
あね	姉	143
あめ	雨	153
あら・う	洗	15
あ・る	有	55
ある・く	歩	94
アン	安	30

■い

読み	漢字	ページ
イ	以	32
イ	意	67
イ	医	131
い・う	言	68
いえ	家	53
い・きる	生	130
い・く	行	115
いけ	池	104
いそ・ぐ	急	116
イチ	一	27
いつ	五	27
いつ・つ	五	27
いぬ	犬	145
いま	今	160
いもうと	妹	144
い・れる	入	95
いろ	色	37
イン	員	31
イン	院	132

■う

読み	漢字	ページ
うえ	上	162
う・ける	受	30
うご・く	動	54
うし・ろ	後	163
うた	歌	53
うた・う	歌	53
うつ・す	写	102
う・まれる	生	130
うみ	海	104
う・る	売	31
うわ	上	162
ウン	運	118

■え

読み	漢字	ページ
エイ	英	69
エイ	映	105
エキ	駅	93
エン	円	29
エン	遠	100

■お

読み	漢字	ページ
おお	大	39
おお・い	多	56
おお・きい	大	39
お・きる	起	115
オク	屋	105
おく・る	送	67
お・こす	起	115
おこな・う	行	115
おし・える	教	80
おと	音	53
おとうと	弟	144
おとこ	男	147
おな・じ	同	32
おも・い	重	40
おも・う	思	68
おや	親	144
お・わる	終	115
オン	音	53
おんな	女	147

■か

読み	漢字	ページ
カ	火	16
カ	家	53
カ	花	153
カ	下	163
か	日	160
ガ	画	92
カイ	会	91
カイ	界	100
カイ	回	103
カイ	海	104
ガイ	外	105
か・う	買	31
かえ・る	帰	116
かお	顔	130
カク	画	92
か・く	書	78
ガク	楽	91
ガク	学	119
か・す	貸	31
かぜ	風	153
かた	方	32
ガツ	月	160
かね	金	30
かみ	紙	78
かよ・う	通	95
からだ	体	129
か・りる	借	31
かる・い	軽	40
かわ	川	104
か・わる	代	117
カン	館	77

カン	漢	78	くに	国	145	こころ	心	129	した	下	163
カン	間	163	くび	首	129	こた・え	答	67	シチ	七	28
かんが・える	考	79	くら・い	暗	155	こた・える	答	67	シツ	室	53
			く・る	来	93	こと	言	68	シツ	質	67
■き			くるま	車	94	こと	事	102	ジツ	日	160
キ	気	56	くろ	黒	37	こめ	米	14	ジッ	十	28
キ	帰	116	くろ・い	黒	37	コン	今	160	しな	品	38
き	木	154							し・ぬ	死	132
き・える	消	54	■け			■さ			シャ	車	94
き・く	聞	77	ケイ	計	116	サ	茶	13	シャ	写	102
き・こえる	聞	77	け・す	消	54	サイ	菜	15	シャ	社	119
きた	北	101	ゲツ	月	160	サイ	最	54	シャ	者	131
キュウ	九	28	ケン	見	54	さかな	魚	16	シュ	手	130
キュウ	究	78	ケン	研	78	さ・がる	下	163	シュ	主	144
キュウ	休	115	ケン	験	79	さき	先	80	シュウ	習	80
キュウ	急	116	ケン	県	145	サク	作	14	シュウ	終	115
ギュウ	牛	16	ゲン	元	129	さ・げる	下	163	シュウ	週	162
キョ	去	161				さむ・い	寒	153	ジュウ	十	28
キョウ	強	71	■こ			サン	三	27	ジュウ	住	147
キョウ	教	80	コ	古	55	サン	山	105	シュツ	出	116
キョウ	京	103	こ	小	39	サン	産	118	ショ	書	78
キョウ	兄	143	こ	子	145				ショ	所	94
ギョウ	業	119	ゴ	五	27	■し			ジョ	女	147
き・る	着	39	ゴ	語	69	シ	四	27	ショウ	小	39
き・る	切	40	ゴ	午	155	シ	使	71	ショウ	生	130
キン	金	30	ゴ	後	163	シ	試	71	ショウ	正	160
キン	近	100	コウ	高	30	シ	紙	78	ジョウ	場	38
ギン	銀	30	コウ	校	79	シ	止	92	ジョウ	上	162
			コウ	行	115	シ	仕	117	ショク	食	13
■く			コウ	工	118	シ	死	132	し・る	知	69
ク	九	28	コウ	口	131	シ	市	146	しろ	白	37
ク	区	146	ゴウ	合	94	ジ	自	68	しろ・い	白	37
グ	具	70	こえ	声	54	ジ	字	69	シン	新	55
クウ	空	102	コク	国	145	ジ	地	93	シン	心	129
くすり	薬	131	ここの	九	28	ジ	事	102	シン	親	144
くち	口	131	ここの・つ	九	28	ジ	時	154	シン	真	163

ジン	人	146	タイ	台	16	ツウ	通	95	とも	友	91
			タイ	大	39	つか・う	使	71	とり	鳥	145
■す			タイ	待	93	つき	月	160	と・る	取	70
ズ	図	100	タイ	体	129	つ・く	着	39			
スイ	水	13	ダイ	台	16	つく・る	作	14	■な		
スウ	数	29	ダイ	大	39	つよ・い	強	71	な	名	147
す・く	好	56	ダイ	題	79				ナイ	内	32
すく・ない	少	56	ダイ	代	117	■て			なか	中	162
すこ・し	少	56	ダイ	弟	144	て	手	130	なが・い	長	39
すす・む	進	95	たか・い	高	30	で・る	出	116	なつ	夏	152
す・む	住	147	た・す	足	130	テン	店	38	なな	七	28
			だ・す	出	116	テン	点	80	なな・つ	七	28
■せ			ただ・しい	正	160	テン	転	119	なに	何	103
セ	世	117	た・つ	立	116	テン	天	153	なの	七	28
セイ	西	101	た・てる	立	116	デン	電	70	なら・う	習	80
セイ	生	130	た・てる	建	117				ナン	南	101
セツ	切	40	たの・しい	楽	91	■と			なん	何	103
セツ	説	77	たの・しむ	楽	91	ト	都	92			
セン	洗	15	た・べる	食	13	ト	図	100	■に		
セン	千	29	た・りる	足	130	ド	土	92	ニ	二	27
セン	先	80	ダン	男	147	ド	度	160	ニク	肉	15
ゼン	全	32				トウ	当	56	にし	西	101
ゼン	前	163	■ち			トウ	東	101	ニチ	日	160
			チ	地	93	ドウ	堂	14	ニュウ	入	95
■そ			ちい・さい	小	39	ドウ	同	32	ニン	人	146
ソウ	送	67	ちか・い	近	100	ドウ	動	54			
ソク	足	130	ちから	力	118	ドウ	道	95	■ね		
ゾク	族	143	ちち	父	143	とお	十	28	ネン	年	161
そと	外	105	チャ	茶	13	とお・い	遠	100			
そら	空	102	チュウ	注	67	とお・る	通	95	■の		
ソン	村	146	チュウ	中	162	とき	時	154	の・む	飲	13
			チョウ	長	39	トク	特	102	の・る	乗	92
■た			チョウ	町	146	ところ	所	94			
タ	多	56				とし	年	161	■は		
た	田	13	■つ			と・まる	止	92	ば	場	38
た	手	130	ツ	都	92	と・める	止	92	はい・る	入	95

ハク	白	37	ビン	便	70	■ま			■も		
はこ・ぶ	運	118	■ふ			ま	真	163	モク	木	154
はじ・まる	始	115	フ	不	132	ま	間	163	も・つ	持	103
はじ・める	始	115	フ	父	143	マイ	米	14	もの	物	14
はし・る	走	93	ブ	部	53	マイ	毎	161	もり	森	104
はたら・く	働	117	フウ	風	153	まえ	前	163	モン	文	55
ハチ	八	28	フク	服	38	まち	町	146	モン	問	80
ハツ	発	94	ふた	二	27	ま・つ	待	93	モン	門	95
はな	花	153	ふた・つ	二	27	まわ・る	回	103			
はなし	話	70	ブツ	物	14	マン	万	29	■や		
はな・す	話	70	ふと・い	太	40				ヤ	野	15
はは	母	143	ふと・る	太	40	■み			ヤ	夜	154
はや・い	早	155	ふゆ	冬	152	ミ	味	15	や	八	28
はやし	林	104	ふる・い	古	55	み	三	27	や	屋	105
はる	春	152	フン	分	68	み・える	見	54	やす・い	安	30
ハン	飯	14	ブン	文	55	みぎ	右	162	やす・む	休	115
ハン	半	161	ブン	分	68	みじか・い	短	39	やっ・つ	八	28
			ブン	聞	77	みず	水	13	やま	山	105
■ひ						みせ	店	38			
ひ	火	16				み・せる	見	54	■ゆ		
ひ	日	160	■へ			みち	道	95	ユウ	有	55
ひがし	東	101	ベイ	米	14	みっ・つ	三	27	ユウ	由	68
ひかり	光	102	ベツ	別	91	みなみ	南	101	ゆう	夕	155
ひか・る	光	102	ベン	便	70	みみ	耳	131			
ひ・く	引	119	ベン	勉	79	み・る	見	54	■よ		
ひく・い	低	40				ミン	民	147	よ	四	27
ひだり	左	162	■ほ						ヨウ	用	91
ひと	一	27	ホ	歩	94	■む			ヨウ	洋	101
ひと	人	146	ボ	母	143	むい	六	28	ヨウ	曜	161
ひと・つ	一	27	ホウ	方	32	むっ・つ	六	28	よう	八	28
ヒャク	百	29	ホウ	法	69	むら	村	146	よっ・つ	四	27
ビョウ	病	132	ほか	外	105				よ・む	読	77
ひら・く	開	38	ホク	北	101	■め			よる	夜	154
ひる	昼	154	ホン	本	77	め	目	130	よわ・い	弱	71
ひろ・い	広	105				メイ	名	147	よん	四	27
ヒン	品	38				メイ	明	155			

■ら			リツ	立	116	■ろ			わか・れる	別	91
ライ	来	93	リョ	旅	103	ロク	六	28	わたくし	私	144
			リョウ	料	16				わたし	私	144
■り			リョウ	両	118	■わ			わる・い	悪	132
リ	利	71	リョク	力	118	ワ	話	70			
リ	理	100				わ・かる	分	68			

単語索引

単語	読み	ページ		*＝特別な読み		

■あ

間	あいだ	163
会う	あう	91
青	あお	37
青い	あおい	37
青色	あおいろ	37
青空	あおぞら	102
青森県	あおもりけん	104
赤	あか	37
赤い	あかい	37
赤色	あかいろ	37
赤ちゃん	あかちゃん	37
上がる	あがる	162
明るい	あかるい	155
秋	あき	152
秋田県	あきたけん	152
開く	あく	38
開ける	あける	38
朝	あさ	154
朝ご飯	あさごはん	14
足	あし	130
味	あじ	15
足音	あしおと	53
明日*	あした・あす	155
頭	あたま	129
新しい	あたらしい	55
暑い	あつい	152
暑さ	あつさ	152
集まる	あつまる	55
集める	あつめる	55
後	あと	163
兄	あに	143
姉	あね	143
あの方	あのかた	32

雨	あめ	153
洗う	あらう	15
有る	ある	55
歩く	あるく	94
安心ノ・ナ・スル	あんしん	30
安全ノ・ナ	あんぜん	30
あん内スル	あんない	32

■い

言う	いう	68
家	いえ	53
以下	いか	32
以外	いがい	32
医学	いがく	131
生きる	いきる	130
行く	いく	115
池	いけ	104
池田さん	いけださん	104
意見	いけん	67
医者	いしゃ	131
以上	いじょう	32
急ぐ	いそぐ	116
一度	いちど	160
一日	いちにち	27
一万円	いちまんえん	29
五日	いつか	27
五つ	いつつ	27
以内	いない	32
犬	いぬ	145
今	いま	160
意味	いみ	67
妹	いもうと	144
妹さん	いもうとさん	144
入口	いりぐち	131

| 入れる | いれる | 95 |
| 色 | いろ | 37 |

■う

上	うえ	162
受けつけスル	うけつけ	30
受ける	うける	30
動く	うごく	54
後ろ	うしろ	163
歌	うた	53
歌う	うたう	53
写す	うつす	102
うで時計*	うでどけい	116
生まれる	うまれる	130
海	うみ	104
売り場	うりば	31
売る	うる	31
上着	うわぎ	39
運転スル	うんてん	119
運転手	うんてんしゅ	118
運動スル	うんどう	54
運動会	うんどうかい	118
運動場	うんどうじょう	54

■え

映画	えいが	105
映画館	えいがかん	105
英語	えいご	69
駅	えき	93
駅ビル	えきびる	93
駅前	えきまえ	93
円	えん	29
～円	～えん	29
遠りょスル	えんりょ	100

■お

大雨	おおあめ	153
多い	おおい	56
大川さん	おおかわさん	104
大きい	おおきい	39
大声	おおごえ	54
(お)母さん*	(お)かあさん	143
お帰りなさい	おかえりなさい	116
お金	おかね	30
起きる	おきる	115
屋上	おくじょう	105
送る	おくる	67
起こす	おこす	115
行う	おこなう	115
起こる	おこる	115
教える	おしえる	80
(お)茶	(お)ちゃ	13
(お)手洗い	おてあらい	15
音	おと	53
(お)父さん*	(お)とうさん	143
弟	おとうと	144
弟さん	おとうとさん	144
男	おとこ	147
男の子	おとこのこ	145
男の人	おとこのひと	147
大人*	おとな	39
同じ	おなじ	32
(お)兄さん*	(お)にいさん	143
(お)姉さん*	(お)ねえさん	143
(お)べん当	(お)べんとう	56
(お)土産*	(お)みやげ	92
重い	おもい	40
思い出す	おもいだす	68
思う	おもう	68
重さ	おもさ	40
親	おや	144
終わり	おわり	115
終わる	おわる	115
音楽	おんがく	53
女の子	おんなのこ	145
女の人	おんなのひと	147

■か

~回	~かい	103
海外	かいがい	104
海がん	かいがん	104
会ぎ室	かいぎしつ	53
外国	がいこく	105
外国語	がいこくご	69
外国人	がいこくじん	145
会社	かいしゃ	119
会社員	かいしゃいん	31
会場	かいじょう	38
外食スル	がいしょく	13
買い物スル	かいもの	31
会話スル	かいわ	91
買う	かう	31
帰る	かえる	116
顔	かお	130
顔色	かおいろ	130
か学者	かがくしゃ	131
書く	かく	78
学生	がくせい	119
学生食堂	がくせいしょくどう	14
学部	がくぶ	53
火事	かじ	102
貸し出す	かしだす	31
貸す	かす	31
風	かぜ	153
かぜ薬	かぜぐすり	131
家族	かぞく	143
家族旅行	かぞくりょこう	143
~月	~がつ	160
学校	がっこう	79
家てい	かてい	53
家内	かない	32

金持ち	かねもち	103
かの女	かのじょ	147
花びん	かびん	153
紙	かみ	78
通う	かよう	95
火曜日	かようび	16
体	からだ	129
借りる	かりる	31
軽い	かるい	40
川	かわ	104
代わりに	かわりに	117
考え方	かんがえかた	79
考える	かんがえる	79
漢字	かんじ	78

■き

木	き	154
消える	きえる	54
聞く	きく	77
聞こえる	きこえる	77
帰国スル	きこく	116
北	きた	101
北口	きたぐち	101
きっ茶店	きっさてん	13
切手	きって	40
気分	きぶん	56
木村さん	きむらさん	154
気持ち	きもち	56
急に	きゅう	116
急行スル	きゅうこう	116
急死スル	きゅうし	132
休日	きゅうじつ	115
牛肉	ぎゅうにく	16
牛にゅう	ぎゅうにゅう	16
九人	きゅうにん	28
今日*	きょう	160
教いくスル	きょういく	80
教会	きょうかい	80

196

教室	きょうしつ	53		消しゴム	けしごむ	54	子ども	こども	145
兄弟	きょうだい	144		消す	けす	54	小鳥	ことり	145
京都	きょうと	103		月曜日	げつようび	161	この前	このまえ	163
きょう味	きょうみ	15		県	けん	145	小林さん	こばやしさん	104
強力ナ	きょうりょく	71		〜県	〜けん	145	ご飯	ごはん	14
去年	きょねん	161		元気ナ	げんき	129	米	こめ	14
着る	きる	39		研究スル	けんきゅう	78	今月	こんげつ	160
切る	きる	40		研究会	けんきゅうかい	78	今週	こんしゅう	160
銀色	ぎんいろ	30		研究室	けんきゅうしつ	78	今度	こんど	160
銀行	ぎんこう	30		研究者	けんきゅうしゃ	78	今夜	こんや	154
銀行員	ぎんこういん	31		見物スル	けんぶつ	54			
近所	きんじょ	100					■さ		
金曜日	きんようび	30		■こ			最近	さいきん	54
				〜語	〜ご	69	最後	さいご	163
■く				子犬	こいぬ	145	最しょ	さいしょ	54
区	く	146		工業	こうぎょう	119	魚	さかな	16
〜区	〜く	146		高校	こうこう	30	先	さき	80
具合	ぐあい	70		高校生	こうこうせい	30	下がる	さがる	163
空気	くうき	102		こうさ点	こうさてん	80	作文	さくぶん	14
空こう	くうこう	102		工場	こうじょう	118	寒い	さむい	153
薬	くすり	131		校長	こうちょう	79	寒さ	さむさ	153
口	くち	131		こう通	こうつう	95	さ来週	さらいしゅう	93
区長	くちょう	146		校内	こうない	79	さ来年	さらいねん	161
国	くに	145		こうむ員	こうむいん	31	産業	さんぎょう	118
九人	くにん	28		声	こえ	54	三人	さんにん	27
首	くび	129		五円	ごえん	27	さん歩スル	さんぽ	94
区民	くみん	147		国外	こくがい	145			
暗い	くらい	155		国内旅行	こくないりょこう	103	■し		
来る	くる	93		午後	ごご	155	市	し	146
車	くるま	94		九日	ここのか	28	〜市	〜し	146
黒	くろ	37		九つ	ここのつ	28	字	じ	69
黒い	くろい	37		心	こころ	129	試合スル	しあい	71
				ご主人	ごしゅじん	144	仕方	しかた	117
■け				午前	ごぜん	155	時間	じかん	154
計画スル	けいかく	92		答え	こたえ	67	〜時間	〜じかん	163
けい験スル	けいけん	79		答える	こたえる	67	試験スル	しけん	79
けいたい電話	けいたいでんわ	70		今年*	ことし	161	仕事	しごと	117
今朝*	けさ	154		言ば	ことば	68	じ書	じしょ	78

試食スル	ししょく	71	食堂	しょくどう	14	世話スル	せわ	117
地しん	じしん	93	食品	しょくひん	38	〜千	〜せん	29
下	した	163	食料品	しょくりょうひん	16	全員	ぜんいん	32
時代	じだい	117	女せい	じょせい	147	千円	せんえん	29
七人	しちにん	28	知らせる	しらせる	69	先月	せんげつ	160
市長	しちょう	146	知る	しる	69	先週	せんしゅう	162
室内	しつない	53	白	しろ	37	先生	せんせい	80
質問スル	しつもん	67	白い	しろい	37	全世界	ぜんせかい	100
自転車	じてんしゃ	68	白黒	しろくろ	37	全ぜん	ぜんぜん	32
自動車	じどうしゃ	94	人口	じんこう	131	洗たくスル	せんたく	15
品物	しなもの	38	じん社	じんじゃ	119	先ぱい	せんぱい	80
死ぬ	しぬ	132	親切ナ	しんせつ	144	全部	ぜんぶ	32
自分	じぶん	68	新年	しんねん	55	せん門	せんもん	95
市民	しみん	147	心ぱいナ・スル	しんぱい	129			
事む所	じむしょ	102	新聞	しんぶん	77	■そ		
社会	しゃかい	91	新聞紙	しんぶんし	78	〜足	〜そく	130
写真	しゃしん	102	新聞社	しんぶんしゃ	55	そつ業スル	そつぎょう	119
社長	しゃちょう	119	新米	しんまい	14	外	そと	105
自由ノ・ナ	じゆう	68				そ父	そふ	143
十	じゅう	28	■す			そ母	そぼ	143
習かん	しゅうかん	80	水族館	すいぞくかん	77	空	そら	102
〜週間	〜しゅうかん	162	水道	すいどう	13	〜村	〜そん	146
住所	じゅうしょ	147	水曜日	すいようび	13	村長	そんちょう	146
終電	しゅうでん	115	数学	すうがく	29			
じゅう道	じゅうどう	95	数字	すうじ	29	■た		
十分ナ	じゅうぶん	68	好きナ	すき	56	〜台	〜だい	16
じゅ業スル	じゅぎょう	119	少ない	すくない	56	〜代	〜だい	117
しゅく題	しゅくだい	79	少し	すこし	56	たい院スル	たいいん	132
主人	しゅじん	144	進む	すすむ	95	大学	だいがく	39
出発スル	しゅっぱつ	94	住む	すむ	147	大学生	だいがくせい	130
しゅ味	しゅみ	15				大事ナ	だいじ	102
小学生	しょうがくせい	119	■せ			大使館	たいしかん	71
正月	しょうがつ	160	生産スル	せいさん	118	大小	だいしょう	39
小学校	しょうがっこう	119	西部	せいぶ	101	大好きナ	だいすき	56
上手ナ*	じょうず	162	西洋	せいよう	101	大西洋	たいせいよう	101
小説	しょうせつ	77	世界	せかい	100	大切ナ	たいせつ	40
しょう待スル	しょうたい	93	説明スル	せつめい	77	大体	だいたい	129
食事スル	しょくじ	13	説明書	せつめいしょ	77	台所	だいどころ	16

台風	たいふう	153
高い	たかい	30
出す	だす	116
正しい	ただしい	160
立つ	たつ	116
〜建て	〜だて	117
建物	たてもの	117
立てる	たてる	116
建てる	たてる	117
田中さん	たなかさん	13
楽しい	たのしい	91
楽しみノ・ナ	たのしみ	91
楽しむ	たのしむ	91
多分	たぶん	56
食べ物	たべもの	14
食べる	たべる	13
足りる	たりる	130
たん生日	たんじょうび	160
男せい	だんせい	147
田んぼ	たんぼ	13

■ち

小さい	ちいさい	39
小さな	ちいさな	39
近い	ちかい	100
近く	ちかく	100
地下てつ	ちかてつ	93
力	ちから	118
地図	ちず	100
父	ちち	143
茶色	ちゃいろ	13
注意スル	ちゅうい	67
中学校	ちゅうがっこう	162
中国	ちゅうごく	162
中止スル	ちゅうし	92
注しゃスル	ちゅうしゃ	67
ちゅう車場	ちゅうしゃじょう	94
〜町	〜ちょう	146

町長	ちょうちょう	146
地理	ちり	100

■つ

一日*	ついたち	27
使う	つかう	71
月	つき	160
着く	つく	39
作る	つくる	14
都合	つごう	92
強い	つよい	71

■て

手	て	130
手紙	てがみ	78
てき当ナ	てきとう	56
出口	でぐち	116
手つだう	てつだう	130
出る	でる	116
〜点	〜てん	80
店員	てんいん	38
天気	てんき	153
電気	でんき	70
天気よほう	てんきよほう	153
電車	でんしゃ	70
電話スル	でんわ	70

■と

〜度	〜ど	160
同きゅう生	どうきゅうせい	32
東京	とうきょう	103
東京都	とうきょうと	92
道具	どうぐ	70
東南アジア	とうなんあじあ	101
動物	どうぶつ	14
動物えん	どうぶつえん	14
十	とお	28
遠い	とおい	100

十日	とおか	28
遠く	とおく	100
通る	とおる	95
時どき	ときどき	154
特に	とくに	102
特別ノ・ナ	とくべつ	102
時計*	とけい	116
所	ところ	94
図書館	としょかん	77
図書室	としょしつ	100
特急	とっきゅう	102
止まる	とまる	92
止める	とめる	92
友だち	ともだち	91
土曜日	どようび	92
鳥	とり	145
取りかえる	とりかえる	70
鳥肉	とりにく	145
取る	とる	70

■な

中	なか	162
長い	ながい	39
長さ	ながさ	39
名古屋市	なごやし	55
夏	なつ	152
夏休み	なつやすみ	152
七つ	ななつ	28
七人	ななにん	28
何	なに	103
何か	なにか	103
七日	なのか	28
名前	なまえ	147
習う	ならう	80
何	なん	103
何〜	なん〜	103
何時	なんじ	154
何曜日	なんようび	161

■に

肉	にく	15
肉屋	にくや	15
西	にし	101
西口	にしぐち	101
二十日	にじゅうにち	28
日曜日	にちようび	161
日本	にほん・にっぽん	160
日本語	にほんご	69
日本人	にほんじん・にっぽんじん	146
入院スル	にゅういん	132
入学スル	にゅうがく	95
入試	にゅうし	71
人ぎょう	にんぎょう	146
人数	にんずう	29

■ね

| ねっ心ナ | ねっしん | 129 |

■の

飲み水	のみみず	13
飲み物	のみもの	13
飲む	のむ	13
乗りかえる	のりかえる	92
乗り物	のりもの	92
乗る	のる	92

■は

場合	ばあい	38
は医者	はいしゃ	131
入る	はいる	95
白菜	はくさい	15
運ぶ	はこぶ	118
始まる	はじまる	115
始める	はじめる	115
場所	ばしょ	94
走る	はしる	93
働く	はたらく	117
八人	はちにん	28
発音スル	はつおん	94
二十日*	はつか	28
花	はな	153
話	はなし	70
話し声	はなしごえ	54
話す	はなす	70
花見	はなみ	153
母	はは	143
早い	はやい	155
林	はやし	104
春	はる	152
春休み	はるやすみ	152
～半	～はん	161
半年	はんとし	161
半分	はんぶん	161

■ひ

火	ひ	16
東	ひがし	101
東口	ひがしぐち	101
光	ひかり	102
光る	ひかる	102
引き出し	ひきだし	119
引く	ひく	119
低い	ひくい	40
左	ひだり	162
左足	ひだりあし	162
左手	ひだりて	162
引っこしスル	ひっこし	119
人	ひと	146
一つ	ひとつ	27
一人*	ひとり	27
～百	～ひゃく	29
百円	ひゃくえん	29
百点	ひゃくてん	80
百万	ひゃくまん	29
病院	びょういん	132
病気	びょうき	132
病室	びょうしつ	132
開く	ひらく	38
昼	ひる	154
昼ご飯	ひるごはん	14
昼間	ひるま	163
昼休み	ひるやすみ	154
広い	ひろい	105

■ふ

服	ふく	38
ふじ山	ふじさん	105
二つ	ふたつ	27
ぶた肉	ぶたにく	15
二人*	ふたり	27
不注意ノ・ナ	ふちゅうい	132
部長	ぶちょう	39
二日*	ふつか	27
太い	ふとい	40
太さ	ふとさ	40
太る	ふとる	40
不便ナ	ふべん	132
冬	ふゆ	152
冬休み	ふゆやすみ	152
古い	ふるい	55
古本	ふるほん	55
～分	～ふん	68
文か	ぶんか	55
文学	ぶんがく	55
文しょう	ぶんしょう	55
文法	ぶんぽう	69

■へ

米国	べいこく	14
下手ナ*	へた	130
別ノ・ナ	べつ	91
部屋*	へや	53
勉強スル	べんきょう	79

便利ナ	べんり	70

■ほ

ほう送スル	ほうそう	67
法りつ	ほうりつ	69
外ノ・ニ	ほか	105
北海道	ほっかいどう	101
本	ほん	77
本だな	ほんだな	77
本当ノ・ニ	ほんとう	56
本屋	ほんや	77

■ま

毎朝	まいあさ	154
毎回	まいかい	161
毎年	まいとし・まいねん	161
毎日	まいにち	161
前	まえ	163
町	まち	146
～町	～まち	146
待つ	まつ	93
真っすぐノ・ナ	まっすぐ	163
間に合う	まにあう	94
回る	まわる	103
～万	～まん	29
まん画	まんが	92
真ん中	まんなか	163
万年ひつ	まんねんひつ	29

■み

見える	みえる	54
右	みぎ	162
右足	みぎあし	162
右手	みぎて	162
短い	みじかい	39
水	みず	13
店	みせ	38
道	みち	95

三日	みっか	27
三つ	みっつ	27
南	みなみ	101
南口	みなみぐち	101
耳	みみ	131
見る	みる	54

■む

六日	むいか	28
六つ	むっつ	28
村	むら	146
～村	～むら	146
目	め	130
～目	～め	130

■め

目薬	めぐすり	131

■も

木曜日	もくようび	154
文字*	もじ	69
持ち物	もちもの	103
持つ	もつ	103
森	もり	104
森さん	もりさん	104
門	もん	95
問題	もんだい	80

■や

～屋	～や	105
八百屋*	やおや	105
やき魚	やきざかな	16
野菜	やさい	15
安い	やすい	30
休み	やすみ	115
休む	やすむ	115
八つ	やっつ	28
山	やま	105

山田さん	やまださん	13

■ゆ

夕方	ゆうがた	155
夕飯	ゆうはん	155
ゆう便きょく	ゆうびんきょく	70
夕べ	ゆうべ	155
有名ナ	ゆうめい	55
有名人	ゆうめいじん	55

■よ

用	よう	91
用意スル	ようい	91
八日	ようか	28
用事	ようじ	91
洋食	ようしょく	101
洋服	ようふく	38
四日	よっか	27
四つ	よっつ	27
四人	よにん	27
読み方	よみかた	77
読む	よむ	77
夜	よる	154
弱い	よわい	71
弱火	よわび	71

■ら

来月	らいげつ	93
来週	らいしゅう	162
来年	らいねん	161

■り

立ぱナ	りっぱ	116
理由	りゆう	100
利用スル	りよう	71
両足	りょうあし	118
両親	りょうしん	144
両手	りょうて	118

両方	りょうほう	32
両目	りょうめ	130
〜料理	〜りょうり	16
料理スル	りょうり	16
旅館	りょかん	103
旅行スル	りょこう	103

■れ

れん習スル	れんしゅう	80

■ろ

ろう下	ろうか	163
六人	ろくにん	28

■わ

分かる	わかる	68
別れる	わかれる	91
話題	わだい	79
私	わたくし	144
私	わたし	144
わり合	わりあい	94
悪い	わるい	132

漢越語対照一覧 Bảng tóm tắt từ Hán Việt trong sách

単語　ベトナム語

1 食べ物

水	Thuỷ
茶	Trà
飲	Ẩm
食	Thực
田	Điền
米	Mễ
作	Tác
飯	Phạn
物	Vật
堂	Đường
菜	Thái
野	Dã
洗	Tẩy
味	Vị
肉	Nhục
牛	Ngưu
魚	Ngư
料	Liệu
台	Đài
火	Hoả

2 買い物・ファッション

Unit1

一	Nhất
二	Nhị
三	Tam
四	Tứ
五	Ngũ
六	Lục
七	Thất
八	Bát
九	Cửu
十	Thập
数	Số
百	Bách
千	Thiên
万	Vạn
円	Yên
安	An
高	Cao
金	Kim
銀	Ngân
受	Thụ
員	Viên
売	Mãi
買	Mại
貸	Thải
借	Tá
以	Dĩ
内	Nội
方	Phương
全	Toàn
同	Đồng

Unit2

色	Sắc
白	Bạch
黒	Hắc
赤	Xích
青	Thanh
店	Điếm
場	Trường
品	Phẩm
開	Khai
服	Phục
着	Trước
大	Đại
小	Tiểu
長	Trường
短	Đoản
切	Thiết
低	Đê
軽	Kinh
太	Thái
重	Trọng

3 日本の文化
（テレビ・アニメ・歌）

家	Gia
部	Bộ
室	Thất
音	Âm
歌	Ca
声	Thanh
消	Tiêu

見	Kiến
動	Động
最	Tối
新	Tân
古	Cổ
有	Hữu
文	Văn
集	Tập
多	Đa
少	Thiểu
当	Đương
気	Khí
好	Hảo

4 インターネット・勉強

Unit1

質	Chất
送	Tống
答	Đáp
意	Ý
注	Chú
言	Ngôn
自	Tự
由	Do
思	Tư
分	Phân
知	Tri
英	Anh
語	Ngữ
法	Pháp
字	Tự
取	Thủ

話	Thoại
電	Điện
具	Cụ
便	Tiện
利	Lợi
使	Sử, Sứ
試	Thí
強	Cường
弱	Nhược

Unit2

館	Quán
本	Bản, Bổn
説	Thuyết
読	Độc
聞	Văn
漢	Hán
紙	Chỉ
書	Thư
研	Nghiên
究	Cứu
考	Khảo
校	Hiệu, Giáo
勉	Miễn
題	Đề
験	Nghiệm
問	Vấn
点	Điểm
先	Tiên
教	Giáo
習	Tập

5 デート・外出

Unit1

会	Hội
別	Biệt
友	Hữu
楽	Lạc
用	Dụng
都	Đô
画	Hoạ
止	Chỉ
土	Thổ
乗	Thừa
来	Lai
地	Địa
待	Đãi
駅	Dịch
走	Tẩu
歩	Bộ
車	Sa
発	Phát
合	Hợp
所	Sở
門	Môn
入	Nhập
道	Đạo
進	Tiến, Tấn
通	Thông

Unit2

界	Giới
理	Lý
図	Đồ
近	Cận

遠	Viễn	帰	Quy	耳	Nhĩ
洋	Dương	立	Lập	医	Y
西	Tây	出	Xuất	者	Giả
北	Bắc	急	Cấp	薬	Dược
東	Đông	計	Kế	病	Bệnh
南	Nam	働	Động	院	Viện
光	Quang	仕	Sỹ	不	Bất
空	Không	世	Thế	悪	Ác
写	Tả	代	Đại	死	Tử
事	Sự	建	Kiến		
特	Đặc	産	Sản		

8 生活
(人・季節・時間・位置)

Unit1

持	Trì	工	Công	族	Tộc
旅	Lữ	両	Lưỡng	父	Phụ
京	Kinh	力	Lực	母	Mẫu
何	Hà	運	Vận	兄	Huynh
回	Hồi	転	Chuyển	姉	Tỷ
池	Trì	引	Dẫn	私	Tư
川	Hà	社	Xã	弟	Đệ
海	Hải	学	Học	妹	Muội
林	Lâm	業	Nghiệp	親	Thân
森	Sâm			主	Chủ

7 体・病気

山	Sơn	頭	Đầu	子	Tử
広	Quảng	首	Thủ	犬	Khuyển
外	Ngoại	心	Tâm	鳥	Điểu
屋	Ốc	元	Nguyên	国	Quốc
映	Ảnh, Ánh	体	Thể	県	Huyện

6 アルバイト

		手	Thủ	市	Thị
起	Khởi	足	Túc	町	Đinh
休	Hưu	生	Sinh	村	Thôn
行	Hành	顔	Diện	区	Khu
始	Thuỷ	目	Mục	人	Nhân
終	Chung	口	Khẩu		

男	Nam	木	Mộc	去	Khứ
女	Nữ	時	Thời/ Thì	年	Niên
民	Dân	朝	Triều/ Triệu	半	Bán
住	Trú	昼	Trú	每	Mỗi
名	Danh	夜	Dạ	曜	Diệu
		早	Tảo	週	Chu
Unit2		午	Ngọ	上	Thượng
春	Xuân	夕	Tịch	左	Tả
夏	Hạ	明	Minh	中	Trung
秋	Thu	暗	Ám	右	Hữu
冬	Đông			下	Hạ
暑	Thử	**Unit3**		後	Hậu
寒	Hàn	今	Kim	真	Chân
天	Thiên	日	Nhật	間	Gian
雨	Vũ	月	Nguyệt	前	Tiền
風	Phong	正	Chính		
花	Hoa	度	Độ		

著者略歴

飯嶋　美知子（いいじま　みちこ）
早稲田大学大学院日本語教育研究科博士後期課程満期退学（日本語教育学修士）
北海道情報大学情報メディア学部准教授

山田　京子（やまだ　きょうこ）
早稲田大学大学院日本語教育研究科修士課程修了（日本語教育学修士）
早稲田大学日本語教育研究センター、国際基督教大学非常勤講師

田中　里実（たなか　さとみ）
北海道大学国際広報メディア・観光学院博士後期課程満期退学（国際広報メディア学修士）
北海道情報大学医療情報学部講師

吉田　雅子（よしだ　まさこ）
早稲田大学大学院日本語教育研究科博士後期課程満期退学（日本語教育学修士）
東京語文学院非常勤講師

藤野　安紀子（ふじの　あきこ）
早稲田大学大学院日本語教育研究科修士課程修了（日本語教育学修士）
早稲田大学大学院文学研究科博士後期課程満期退学
元国書日本語学校専任講師

使う順と連想マップで学ぶ漢字＆語彙　日本語能力試験 N4・N5

2016年5月10日　初版第一刷　発行
2025年6月25日　初版第二刷　発行

飯嶋美知子　監修・著
山田京子・田中里実・吉田雅子・藤野安紀子　著

翻訳　英語　　　　渡辺レイチェル
　　　中国語　　　許征
　　　韓国語　　　李鶴松（国書日本語学校）
　　　ベトナム語　TRẦN CÔNG DANH

装幀　長谷川じん（CMD+G Design Inc.）

編集協力　武田多恵子

発行者　佐藤丈夫
発行所　株式会社国書刊行会
〒174-0056　東京都板橋区志村1-13-15
電話　03-5970-7421　ファックス　03-5970-7427
https://www.kokusho.co.jp

印刷　株式会社シーフォース
製本　株式会社村上製本所

乱丁本・落丁本はお取り替えいたします。
ISBN 978-4-336-05995-6
©Michiko Iijima, Kyoko Yamada, Satomi Tanaka, Masako Yoshida, Akiko Fujino